定期テスト 出るナビ

# 中学歴史

Gakken

# はじめに

**中**学生のみなさんにとって，年に数回実施される「定期テスト」は，重要な試験ですよね。定期テストの結果は，高校入試にも関係してくるため，多くの人が定期テストで高得点をとることを目指していると思います。

テストでは，さまざまなタイプの問題が出題されますが，その1つに，しっかり覚えて得点につなげるタイプの問題があります。そのようなタイプの問題には，学校の授業の内容から，テストで問われやすい部分と，そうではない部分を整理して頭の中に入れて対策したいところですが，授業を受けながら考えるのは難しいですよね。また，定期テスト前は，多数の教科の勉強をしなければならないので，各教科のテスト勉強の時間は限られてきます。

そこで，短時間で効率的に「テストに出る要点や内容」をつかむために最適な，ポケットサイズの参考書を作りました。この本は，学習内容を整理して理解しながら，覚えるべきポイントを確実に覚えられるように工夫されています。また，付属の赤フィルターがみなさんの暗記と確認をサポートします。

表紙のお守りモチーフには，毎日忙しい中学生のみなさんにお守りのように携えてもらうことで，いつでもどこでも学習をサポートしたい！という思いを込めています。この本を活用したあなたの努力が成就することを願っています。

出るナビ編集チーム一同

# 出るナビシリーズの特長

 ## 定期テストに出る要点が
ギュッとつまったポケット参考書

　項目ごとの見開き構成で，テストに出る要点や内容をしっかりおさえています。コンパクトサイズなので，テスト期間中の限られた時間での学習や，テスト直前の最終チェックまで，いつでもどこでもテスト勉強ができる，頼れる参考書です。

 ## 見やすい紙面と赤フィルターで
いつでもどこでも要点チェック

　シンプルですっきりした誌面で，要点がしっかりつかめます。また，最重要の用語やポイントは，赤フィルターで隠せる仕組みになっているので，手軽に要点が身についているかを確認できます。

 ## こんなときに
出るナビが使える！

持ち運んで，好きなタイミングで勉強しよう！　出るナビは，いつでも頼れるあなたの勉強のお守りです！

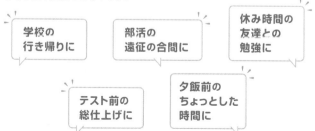

# この本の使い方

**赤フィルターを のせると消える!**

最重要用語や要点は, 赤フィルターで隠して確認できます。確実に覚えられたかを確かめよう!

---

**3章 近世の日本**

## 31 享保の改革と元禄文化

☐ **1 徳川綱吉と新井白石の政治**

(1) 徳川綱吉(第5代将軍)の政治
- 儒学の中でも朱子学を重視
- 貨幣の質を落とす➡**物価上昇**
- 極端な動物愛護令➡**生類憐みの令**

(2) 正徳の治…**新井白石**の意見を取り入れ, 財政再建が進められる
- 貨幣の質を元に戻す
- **長崎貿易を制限する**

☐ **2 元禄文化**

(1) 学問の発達
- 幕府が朱子学をすすめる
- 歴史学, 和算などが発達

(2) 元禄文化…上方の町人が中心
- 文学・芸能
  ・浮世草子─**井原西鶴**➡**『世間胸算用』**
  ・俳諧─**松尾芭蕉**の『奥の細道』
  ・人形浄瑠璃の脚本─近松門左衛門
  ・歌舞伎─市川団十郎・坂田藤十郎
- 美術
  ・装飾画─**尾形光琳**・俵屋宗達
  ・浮世絵─菱川師宣が始める

74

**参考**
**長崎貿易制限の理由**
**新井白石**は, 金・銀の海外流出をおさえるため, 輸入額を制限し, 日本からは海産物や工芸品の輸出をすすめた。

**くわしく**
**元禄文化の背景**
**元禄期**は徳川綱吉の時代。商業が発達して大商人が力をつけていったことから, 大商人が多い, 大阪・京都など上方が文化の中心となった。

↑「見返り美人図」 (ColBase)

---

特にテストに出やすい項目についています。時間がないときなどは, この項目だけチェックしておこう。

---

**出るナビ アイコン 後送** **中学歴史の特長**

◎ テストに出る用語・要点を簡潔にまとめてあります。

◎ 歴史の背景を解説するサイド情報や資料が豊富!

◎ 歴史の流れがわかる年表のまとめページも!

4

テストで問われやすい内容
や, その対策などについて
アドバイスしています。

本文をより理解するため
のプラスアルファの解説
で, 得点アップをサポート
します。

**ミス注意**

テストでまちがえやすい内容
を解説。

**くわしく**

本文の内容をより詳しく解説。

**参考**

知っておくと役立つ情報など。

**テストの例題チェック**

テストで問われやすい内
容を, 問題形式で確かめ
られます。

---

重要 朱子学の奨励, 享保の改革の中心人物と内容, 元禄文化の特色や文化遺産
などについて出ることが多い。

## 3 享保の改革

(1) 開始—1716年, 第8代将軍徳川吉宗
(2) 内容
 ○ **財政再建**—新田開発, 年貢引き上げ
 ○ 倹約令—武士に質素・倹約命じる
 ○ 公事方御定書—裁判の基準
 ○ 目安箱の設置—民衆の意見を聞く
 ○ **上米の制**—才能のある武士の登用
(3) 実学の奨励—日常生活に役立つ学問
 ○ 漢訳洋書の輸入—蘭学の発達へ
 ○ 甘藷(さつまいも)の栽培の奨励—ききん
  に備える
(4) 結果—財政は一時立ち直る⇒ききんが起
 こり, 百姓一揆や打ちこわしが発生

**くわしく**

**公事方御定書**
1742年に吉宗が出
した法令。下巻は御
定書百箇条と呼ばれ,
判例などをもとに刑
罰や訴訟に関する内
容を規定した。

**くわしく**

**上米の制**
大名に, 1万石につ
き100石の米を納め
させ, その代わりに
参勤交代で江戸にい
る期間を半年に短縮
した。

### テストの例題チェック

① 徳川綱吉が重視したのは儒学のうちの何という学問？　[　朱子学　]
② 徳川綱吉が出した極端な動物愛護令は何？　[　生類憐みの令　]
③ 俳諧(俳句)の芸術性を高めた人物は誰？　[　松尾芭蕉　]
④ 人形浄瑠璃の脚本作家として活躍したのは誰？　[　近松門左衛門　]
⑤「見返り美人図」を描いた浮世絵師は誰？　[　菱川師宣　]
⑥ 享保の改革を行った将軍は誰？　[　徳川吉宗　]
⑦ 裁判の基準を示すために定められた法令は？　[　公事方御定書　]
⑧ 民衆の意見を聞くために設置した投書箱は何？　[　目安箱　]

75

---

## テスト直前 最終チェック! で テスト直前もバッチリ!

テスト直前の短時間でもパッと見て
要点をおさえられるまとめページもあります。

# もくじ

**5章 二度の世界大戦と日本**

**6章 現代の日本と私たち**

**が暗記アプリでも使える！**

ページ画像データをダウンロードして，
スマホでも「定期テスト出るナビ」を使ってみよう！

## 暗記アプリ紹介&ダウンロード 特設サイト

スマホなどで赤フィルター機能が使える便利なアプリを紹介します。下記のURL，または右の二次元コードからサイトにアクセスしよう。自分の気に入ったアプリをダウンロードしてみよう！

**Webサイト** https://gakken-ep.jp/extra/derunavi_appli/

「ダウンロードはこちら」にアクセスすると，上記のサイトで紹介した赤フィルターアプリで使える，この本のページ画像データがダウンロードできます。使用するアプリに合わせて必要なファイル形式のデータをダウンロードしよう。

※データのダウンロードにはGakkenIDへの登録が必要です。

## ページデータダウンロードの手順

① アプリ紹介ページの「ページデータダウンロードはこちら」にアクセス。

② Gakken IDに登録しよう。

③ 登録が完了したら，この本のダウンロードページに進んで，下記の『書籍識別ID』と『ダウンロード用PASS』を入力しよう。

④ 認証されたら，自分の使用したいファイル形式のデータを選ぼう！

**書籍識別 ID** testderu-hi

**ダウンロード用 PASS** y3NJ5Hrv

〈注 意〉
◎ダウンロードしたデータは，アプリでの使用のみに限ります。第三者への流布，公衆への送信は著作権法上，禁じられています。◎アプリの操作についてのお問い合わせは，各アプリの運営会社へお願いいたします。◎お客様のインターネット環境および携帯端末によりアプリをご利用できない場合や，データをダウンロードできない場合，当社は責任を負いかねます。ご理解，ご了承いただきますよう，お願いいたします。◎サイトアクセス・ダウンロード時の通信料はお客様のご負担になります。

# | 人類の出現

## ☑ 1│人類の出現

### (1) 人類の始まり…猿人（えんじん）

- ◎ 時期…約700〜600万年前，アフリカに出現
- ◎ 後ろ足で立って歩く（**直立二足歩行**）
  - ➡手が自由に使える，脳（のう）（知能）が発達

### (2) 人類の特色

- ◎ 直立二足歩行
- ◎ **道具**を使用
- ◎ **火や言葉**を使用

## ☑ 2│人類の進化

### (1) 猿人

- ◎ 約700〜600万年前のアフリカ
- ◎ 直立二足歩行
- ◎ **打製石器**を使用

### (2) 原人

- ◎ 約200万年前に出現
- ◎ 火や言葉を使用

### (3) 新人

- ◎ 約20万年前，アフリカに出現
- ◎ **現在の人類の直接の祖先，ホモ・サピエンス**

**くわしく**

**化石人骨の発見**

現在知られている最も古い人類は，2001年にアフリカのチャドで化石人骨が発見された猿人といわれている。

**参考**

**新人が描いた壁画**

フランスのラスコーやスペインのアルタミラの洞窟（どうくつ）には，約2万年前に新人が牛や鹿などを描いた，壁画（へきが）が残されている。

猿人 　原人 　新人

▲人類の進化

**テストでは** 人類の進化やそれに伴う生活の変化，旧石器時代と新石器時代の石器の違いがよく問われる。

## 3 採集から農耕へ

(1) **旧石器時代**… 1万年ほど前まで

◎ 自然の石を打ち欠いてつくった**打製石器**を使用

◎ 採集・狩りを行いながらの移動生活

(2) **新石器時代**… 1万年ほど前から

◎ 気温の上昇で小動物や木の実が増える

➡ 農耕・牧畜が始まる…麦，栗，牛，羊など

◎ 石の表面を磨いて形を整えた**磨製石器**・**土器**・骨角器・弓矢を使用

打製石器
(明治大学博物館)

磨製石器
(國學院大学博物館)

骨角器
(いわき市教育委員会)

**くわしく**

**氷期と間氷期**

地球は約260万年前から氷河時代となり，寒冷な氷期と，温暖な間氷期が繰り返されてきた。最後の氷期は約1万年前に終わった。

### ✎ テストの例題チェック

① 約700～600万年前に出現した人類を何という？ [ 猿人 ]

② 現在の人類の直接の祖先に当たる人類を何という？
[ 新人(ホモ・サピエンス) ]

③ 1万年ほど前まで続いた時代を何という？ [ 旧石器時代 ]

④ 自然の石を打ち欠いてつくった石器を何という？ [ 打製石器 ]

⑤ 1万年ほど前から始まった時代を何という？ [ 新石器時代 ]

⑥ 石の表面を磨いてつくった石器を何という？ [ 磨製石器 ]

# ② 文明のおこり

## ☑ 1｜文明のおこり

### (1)文明のおこり

◎ 時期…前3000～前1600年ごろ
　<small>紀元前</small>

◎ 場所…農耕に適した**大河の流域**で発生

◎ **青銅器・鉄器・文字**などの発明
　<small>せいどうき</small>

### (2)古代の四つの文明

◎ **エジプト**文明

◎ **メソポタミア**文明

◎ **インダス**文明

◎ **中国**文明

## ☑ 2｜エジプト文明

### (1)エジプト文明

◎ 成立…前3000年ごろ，**ナイル川**流域

◎ 小さな国々を統一した王国ができる

### (2)遺産

◎ **太陽暦**…ナイル川の増水時期を知
　<small>たいようれき</small>
　るために天文学が発達

◎ 神殿や**ピラミッド**…王の強大な権
　力，優れた土木技術

◎ **神聖文字**…**象形文字**の一つ。パピ
　<small>しんせい</small>　　　<small>しょうけい</small>
　ルスなどに書かれた

△ 古代の四つの文明の発生地域

メソポタミア文明　中国文明
インダス文明
バビロン　　　殷墟
モヘンジョ＝ダロ
エジプト文明

▣ 文明の中心地域

### ✦ くわしく

**国王**

エジプトでは王（ファラオ）は神とあがめられ，貴族を従え，多くの農民や奴隷を支配していた。奴隷の多くは，戦争に敗れてほりょになった人たちだった。
<small>きぞく</small>
<small>どれい</small>

<small>（学研写真資料）</small>

△ ピラミッド（右）とスフィンクス

1章

## 3│メソポタミア文明

### (1)メソポタミア文明

◎ 成立…前3000年ごろ，**チグリス川・ユーフラテス川流域**➡いくつもの都市国家が誕生

◎ 前18世紀ごろ，**ハンムラビ王**がメソポタミアを統一
　　　　　　　└─ハンムラビ法典をつくる

### (2)特色

◎ **くさび形文字**…粘土板（ねんどばん）に刻まれた，くさびの形の文字

◎ **太陰暦**（たいいんれき）**・60進法・1週間7日制**，天文学が発達
　└─月の満ち欠けに基づく

**くわしく**

**オリエント**

エジプト，メソポタミアを含む地域の呼び名。この地域ではアルファベットの原型がつくられ，鉄器が広く使われた。

▲エジプト文明の象形（しょうけい）文字　（学研写真資料）

▲メソポタミア文明のくさび形文字

---

### ✏ テストの例題チェック

① ナイル川流域でおこった文明を何という？　　　　　　　　［　エジプト文明　］

② エジプト文明で発明された暦（こよみ）を何という？　　　　　　　　［　太陽暦　］

③ エジプト文明で神殿とともにつくられた巨大な建造物は？　［　ピラミッド　］

④ エジプト文明で発明された文字を何という？　　　　［　象形文字(神聖文字)　］

⑤ チグリス川・ユーフラテス川流域でおこった文明を何という？

［　メソポタミア文明　］

⑥ メソポタミア文明で発明され，粘土板に刻まれた文字を何という？

［　くさび形文字　］

⑦ メソポタミア文明で発明された暦を何という？　　　　　　　［　太陰暦　］

# 3 アジアとギリシャ・ローマの文明

## ☑ 1│インド文明

### ◆ インダス文明

◎ 成立…前2500年ごろ，**インダス川**流域

◎ **モヘンジョ゠ダロ**…水道や道路などが整備された都市遺跡
<sub>いせき</sub>

◎ **アーリヤ人の社会**…身分制度に基づく社会
<sub>もと</sub>
└─前1500年ごろ侵入──────のちのカースト制度

◎ **インダス文字**…解読されていない

## ☑ 2│中国文明

### (1)中国文明

◎ 約 1 万年前，**黄河**や**長江**流域で農耕文明
<sub>こうが</sub> <sub>ちょうこう</sub>
ホワンホー チャンチヤン

◎ **殷**(商)…前1600年ごろ，**黄河流域**，**甲骨文字**，**青銅器**→周に滅ぼされる
<sub>いん</sub> <sub>しょう</sub> <sub>こうこつもじ</sub> <sub>せいどうき</sub> <sub>しゅう</sub> <sub>ほろ</sub>

◎ **春秋・戦国時代**…**孔子**が儒学(儒教)のもととなる教えを説く，鉄製の武器・農具の広まり
<sub>しゅんじゅう</sub> <sub>せんごく</sub> <sub>こうし</sub> <sub>じゅがく</sub>

### (2)中国の統一

◎ **秦**…前221年，**始皇帝**が中国を統一，**万里の長城**を整備
<sub>しん</sub> <sub>しこうてい</sub> <sub>ばんり</sub> <sub>ちょうじょう</sub>
└─北方の遊牧民族(匈奴)の侵入に備える
<sub>かん</sub>

◎ **漢**…大帝国，儒学が重んじられる，歴史書の編集，紙の発明

◎ 前 2 世紀，漢と西方を結ぶ交通路の**シルクロード**が開かれる
└─中央アジアやローマ帝国など
└─絹の道ともいう

**テストでは** アジアの文明の発生地域とその特色，中国の王朝名などが問われることが多いので覚えておこう。

## 3 | ギリシャ・ローマの文明

### (1) ギリシャの文明

◎ **都市国家(ポリス)** … **アテネ・スパルタ**

◎ アテネの**民主政**…成年男子市民が**民会**で話し合い

◎ ギリシャの文化… **パルテノン神殿**・神話・哲学

### (2) ローマの政治

◎ 都市国家から**共和政**へ

◎ 紀元前30年に**地中海**を囲む地域を統一

➡ **ローマ帝国**成立

### (3) ローマの文化

◎ ヨーロッパの文化のみなもとになる

◎ **コロッセオ**(円形闘技場)，水道・道路，ローマ字(ラテン文字)

▲ **コロッセオ**　(学研写真資料)

**くわしく**

**ヘレニズム文化**

ギリシャとオリエントの文化が混じり合って発達したギリシャ風の新しい文化で，**アレクサンドロス大王**の東方遠征によって発達した。のちの**日本の飛鳥文化**にも影響を与えた。

## ✎ テストの例題チェック

① モヘンジョ=ダロの都市遺跡がある文明を何という？　　[ **インダス文明** ]

② 殷(商)がおこったのは，何という川の流域？　　[ **黄河** ]

③ 中国文明で使われ，現在の漢字のもとになった文字は何？　　[ **甲骨文字** ]

④ 中国を統一した始皇帝が建てた国を何という？　　[ **秦** ]

⑤ 漢と西方を結ぶ交通路を何という？　　[ **シルクロード(絹の道)** ]

⑥ ギリシャでとくに栄えた都市国家は，スパルタとどこ？　　[ **アテネ** ]

⑦ ⑥で行われていた政治体制を何という？　　[ **民主政** ]

# ④ 宗教のおこりと三大宗教

## ☑ 1│宗教のおこり

### (1)神への祈り

▲ 三大宗教のおこり

- ◎ 人類は，自然などから人間を超えた力を感じるようになる
- ◎ 心の安らぎを求めたり，苦しみから逃れようとしたりして，神について考え，祈るようになった

### (2)宗教の成立

- ◎ 神の教えを説く者が現れる
- ◎ 儀式や聖典が整えられる

> **参考**
> **三大宗教**
> 仏教，キリスト教，イスラム教を三大宗教と呼ぶ。

## ☑ 2│仏教

### (1)おこり … 紀元前5世紀ごろ，インドに生まれたシャカ(釈迦)が説いた

- ◎ 人はみな平等である
- ◎ 修行をして悟りを開くと，心の安らぎを得ることができる

### (2)広がり … インドから東南アジアや中国，朝鮮，日本にも伝えられる。それぞれの地域で独自の発展をとげる

> **参考**
> **ヒンドゥー教**
> インドでは，7世紀ごろまで仏教が栄えた。その後，バラモンの教えや民間信仰に基づいたヒンドゥー教がおこり，仏教に代わって広まった。

## ☑ 3｜キリスト教

(1) **おこり**…紀元前後，パレスチナ地方に
　　　　　└─西アジア
生まれた**イエス**がユダヤ教をもとにして説いた

　　◎ 人は神の前ではみな平等

　　◎ 神を信じる人は誰でも救われる

(2) **広がり**…「**聖書(新約聖書)**」にまとめられる➡ 4世紀末，ローマ帝国の国教となる➡ヨーロッパ各地に広まる

(学研写真資料)

ユダヤ教，キリスト教，イスラム教の聖地エルサレム

## ☑ 4｜イスラム教

(1) **おこり**… **6世紀**のアラビア半島に生まれた**ムハンマド**が7世紀初頭に始め，「唯一神アラーの前ではみな平等である」と説いた
　　└─アッラーとも

(2) **広がり**…アラビア半島から西アジアや北アフリカ，東南アジアに広まる

### ✦くわしく

**コーラン**

イスラム教の聖典「コーラン」には，偶像崇拝の禁止など，神からのお告げがまとめられ，信者の生活や政治のあり方などが定められている。

### ✏ テストの例題チェック

① 仏教をおこした人物は誰？　　　　　　　　　　[ シャカ(釈迦) ]

② キリスト教をおこした人物は誰？　　　　　　　[ イエス ]

③ キリスト教の聖地はどこ？　　　　　　　　　　[ エルサレム ]

④ キリスト教の教えをまとめたものを何という？　[ 聖書(新約聖書) ]

⑤ イスラム教をおこした人物は誰？　　　　　　　[ ムハンマド ]

⑥ ⑤が生まれたのは何世紀？　　　　　　　　　　[ 6世紀 ]

# 5 旧石器時代と縄文時代の暮らし

## ☑ 1│日本列島の成立

### (1)氷期の日本列島

- ◎海面が今より低く，大陸と陸続き
- ◎人々がナウマンゾウ・オオツノジカ・マンモスなどを追って大陸から移動

### (2)成立…約 **1万年前** に最後の氷期が終わり，気温の上昇などで海面が上昇して成立

## ☑ 2│日本の旧石器時代

### (1)日本の旧石器時代…日本列島成立の約 **1万年前** までの数万年間と考えられている

### (2)旧石器時代の遺跡

- ◎群馬県の岩宿で**打製石器**が発見され，**日本の旧石器時代**の存在が確認される(岩宿遺跡)

### (3)人々の暮らし

- ◎採集・狩り・漁が中心
- ◎土器はまだつくられていない
- ◎食料を求めて移動生活
- ◎簡単な小屋や洞窟などに住む
- ◎火の使用

---

**参考**

**野尻湖**
長野県の野尻湖で数万年前の地層から，**ナウマンゾウ**のきばや**オオツノジカ**の角が発見された。このことから大陸と陸続きだったことがわかる。

**くわしく**

**岩宿遺跡の打製石器**
岩宿遺跡から黒曜石でつくられた**打製石器**が発見された。黒曜石は打ち欠きやすく，打ち欠いた先が鋭くなるので，石器の材料として適している。

▲旧石器時代(●)と縄文時代(●)の主な遺跡

テストでは 日本の旧石器時代の遺跡や，縄文時代の人々の暮らしや使われた道具などが問われることが多い。

## 3｜縄文時代

(1)**縄文時代**…約1万数千年前から紀元前4世紀ごろまで

(2)**道具**

◎縄目の文様のついた厚手の**縄文土器**

◎表面を磨いた**磨製石器**

**縄文土器**
(國學院大学博物館)

(3)**人々の暮らし**

◎採集・狩り・漁

◎台地などに**たて穴住居**を建てて集団で定住

◎**貝塚**…食べ物の残りかすや不用物を捨てる➡当時の人々の生活がわかる

◎**土偶**…魔よけ，食物の豊かな実りを祈る
　土製の人形。女性をかたどったものが多い

**三内丸山遺跡**

**三内丸山遺跡**(青森県)は，**縄文時代**の大集落跡で約5900年前から1700年ほど続いたと考えられている。豆類を栽培していたことや，遠い地域と交易をしていたことがわかっている。

▲**土偶** (個人蔵/東京国立博物館蔵/画像提供：DNPアートコミュニケーションズ)

---

### ✎ テストの例題チェック

① 群馬県で発見された旧石器時代の遺跡は何？ 　　　　[ 岩宿遺跡 ]

② 縄目の文様のついたものが多い，厚手の土器を何という？ 　[ 縄文土器 ]

③ 縄文時代につくられるようになった，表面を磨いた石器を何という？

　　　　　　　　　　　　　　　　　　　　　　　　　[ 磨製石器 ]

④ 縄文時代に人々が住んだ住居を何という？ 　　　　　[ たて穴住居 ]

⑤ 食べ物の残りかすや不用物を捨ててできた遺跡は何？ 　　[ 貝塚 ]

⑥ 魔よけや家族の繁栄を祈るためにつくられたと考えられている，土製の人形を何という？ 　　　　　　　　　　　　　　　　　　[ 土偶 ]

# 6 弥生時代

## 1│弥生時代の暮らし

(1)**弥生時代**…紀元前4世紀ごろから紀元3世紀ごろまで

(2)**稲作の開始**…紀元前4世紀ごろ

◎伝来…中国や朝鮮半島から九州北部へ

◎遺跡…板付遺跡・登呂遺跡

◎道具・建物…田げた・石包丁，稲（いね）の穂（ほ）をつみ取る 高床倉庫

(3)**人々の暮らし**

◎**弥生土器**…薄くて固い

◎金属器…稲作とともに伝来，鉄器は農具や武器，**銅鐸**など**青銅器**は祭りの宝物

◎住居…**たて穴住居**，水田の近くにむら

▲高床倉庫（静岡市立登呂博物館）

**ミス注意**

縄文土器と弥生土器
**縄文土器**は縄目の文様があるものが多く，厚手でもろい。**弥生土器**は赤褐色で飾りが少なく左右対称で，薄くて固い。

▲弥生土器（東京大学総合研究博物館）

## 2│「くに(国)」の成立

(1)**貧富の差**…稲の生産量や蓄えの違い

(2)**指導者の出現**…共同作業，土地や水・食料をめぐる戦いなどを指揮

(3)**くに(国)の成立**

◎有力なむらが弱いむらを従える➡小さなくに(国)に

◎**吉野ヶ里遺跡**…物見やぐら・柵や濠➡戦いへの備え

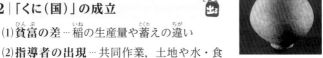

▲弥生時代のおもな遺跡

加茂岩倉遺跡
垂柳遺跡
吉野ヶ里遺跡
板付遺跡
荒神谷遺跡
弥生町遺跡
登呂遺跡
唐古・鍵遺跡
桜ヶ丘遺跡
池上曽根遺跡

## 3│小国の分立と邪馬台国

### (1)小国の分立

- 紀元前後ごろ，100余りの小国が分立
- 九州北部の**奴国(なこく)**の王…57年，後漢(ごかん)に使者を送り，皇帝から**金印(きんいん)**を授かる

### (2)東アジアの情勢

- 中国…魏(ぎ)・呉(ご)・蜀(しょく)の三国時代
- 朝鮮半島(ちょうせんはんとう)…北部に**高句麗(こうくり)**がおこる

### (3)邪馬台国(やまたいこく)

- 3世紀の地域的な統一国家
- 女王**卑弥呼(ひみこ)**が30ほどの国を従える➡239年，魏(ぎ)に朝貢(ちょうこう)，「親魏倭王(しんぎわおう)」の称号，金印や銅鏡100枚を与えられる
  <br>使いを送り，みつぎ物を差し出すこと
- 「**魏志(ぎし)」倭人伝(わじんでん)**…邪馬台国の政治や人々の暮らし，仕事などを記述

> **くわしく**
>
> **金印**
> 中国の歴史書『後漢書(ごかんじょ)』に奴国の王が授かった金印について記されている。江戸時代，この金印とされるものが，福岡県志賀島(かのしま)で発見された。1辺は2.3cm，「**漢委奴(かんのわのなの)国王(こくおう)**」と刻まれている。

▲金印 （福岡市博物館所蔵 画像提供：福岡市博物館／DNPartcom）

---

### ✎ テストの例題チェック

| | | |
|---|---|---|
| ① 静岡県にある弥生時代の代表的な遺跡は何？ | [ | 登呂遺跡 ] |
| ② つみ取った稲の穂を蓄えた建物を何という？ | [ | 高床倉庫 ] |
| ③ 縄文土器よりうすくて固い，弥生時代の土器を何という？ | [ | 弥生土器 ] |
| ④ 稲作とともに伝わった金属器は，鉄器と何？ | [ | 青銅器 ] |
| ⑤ 後漢の皇帝から金印を授かった九州北部の小国は？ | [ | 奴国 ] |
| ⑥ 中国に朝貢した邪馬台国の女王は誰？ | [ | 卑弥呼 ] |
| ⑦ ⑥が朝貢した中国の国（王朝）を何という？ | [ | 魏 ] |

# 7 大和政権と古墳時代

## □ 1 | 大和政権の成立

### (1) 大和政権の成立
└─ ヤマト王権ともいう

◎ 3世紀後半，近畿地方の有力な豪族が連合

◎ 発展… 5世紀後半には，九州地方から東北地方南部までを支配，鉄剣や鉄刀を関東や九州の豪族に与える

### (2) 大和政権のしくみ
◎ 王は**大王**と呼ばれるようになる

## □ 2 | 古墳時代の文化

### (1) 古墳
◎ **大王(王)**や豪族の墓

◎ 巨大な古墳… 各地に強い権力をもつ支配者が現れたことを示す

### (2) 古墳の種類
◎ **前方後円墳**… 前が方形，後ろが円形➡**大仙(大山)古墳**が代表的

◎ 方墳・円墳

### (3) 出土品
◎ **埴輪**… 古墳の上や周りに置かれた土製品

◎ **副葬品**… 鏡・玉・武具・馬具・農具など

**くわしく**

**百済との交流**

大和政権は，朝鮮半島南部に位置していた百済と交流が深かった。

百済が高句麗，新羅と勢力を争っていたため，協力のために援軍を送ったこともあった。

円墳

方墳

前方後円墳

▲大仙(大山)古墳　(学研写真資料)

## ☑ 3│東アジアの情勢

(1)**中国**…南北朝時代の5世紀に、倭の五王
が南朝に使者➡大王の地位と朝鮮半島南
部の指揮権を認めてもらうため

(2)**朝鮮半島**…高句麗・新羅・百済、半
島南端の伽耶地域➡大和政権が進出
　　　　　　　任那(みまな)

## ☑ 4│大陸文化の伝来

(1)**渡来人**の移住

◎**朝鮮半島**から移住

◎大陸の優れた学問・技術を伝達…
**漢字・儒学**・土器(須恵器)をつくる
技術など

(2)**仏教**の公式な伝来…6世紀半ばに、
百済から仏像と経典が伝わる

▲ 4～5世紀ごろの東アジア

### 📝 テストの例題チェック

① 近畿地方の豪族がつくった連合政権を何という？

[ 大和政権(ヤマト王権) ]

②5世紀後半、①の王は何と呼ばれるようになった？ [ 大王(王) ]

③大仙古墳のような形の古墳の種類を何という？ [ 前方後円墳 ]

④古墳の上や周りに置かれた土製品を何という？ [ 埴輪 ]

⑤朝鮮半島から移住し、大陸の優れた学問・技術を伝えた人々を何という？

[ 渡来人 ]

⑥⑤の人々が伝えた文字を何という？ [ 漢字 ]

# 8 聖徳太子の政治

## 1 | 隋と唐

(1)隋

◎ 6世紀末，南北朝を統一

◎ **律令**という法律を整える，大運河建設

(2)唐… 7世紀後半に大帝国

◎ 7世紀の初めに建国，**長安**を都とする
　　　　　　　　　　　　　現在の西安(せいあん)

◎ 律令を整え，中央集権政治を行う

(3)朝鮮半島… 6世紀中ごろ，**新羅**が大和政権
と関係の深い**伽耶地域**の国々を滅ぼした

## 2 | 聖徳太子の政治

(1)**聖徳太子(厩戸皇子)**の登場… 6世紀末，
推古天皇の**摂政**となる➡**天皇中心の政治**
　　　　　天皇が女性や幼い場合，天皇を助ける
を目指す

(2)聖徳太子の政治

◎ 蘇我馬子と協力して政治を行う

◎ **冠位十二階**…家柄にとらわれず，**才能や
功績のある人物**を役人に取り立てる

◎ **十七条の憲法**…仏教・儒学の考え方を取
り入れ，政治への**役人の心構え**を示す

◎ **遣隋使**

・607年，**小野妹子**らを隋に派遣

・隋の進んだ制度や文化の吸収

**参考**

**長安**

唐の都**長安**は，道路
が碁盤の目のように
つくられた，当時の
世界最大級の都市で，
国際色豊かな文化が
栄えた。

**くわしく**

**律令**

刑罰を定めたものを
**律**，国の制度や政治
を行うきまりなどを
定めたものを**令**とい
う。

▲伝聖徳太子像 (宮内庁)

一に曰く，和をも
　って貴しとなし，
　さからふことな
　きを宗とせよ。

二に曰く，あつく
　三宝を敬へ。

▲十七条の憲法(一部)

## 3│飛鳥文化

(1) **飛鳥文化**…推古天皇即位から約120年間の
　　奈良盆地
　　飛鳥時代に栄えた文化

(2) **特色**

　◎ 日本で最初の**仏教**文化

　◎ 世界性のある文化…中国・ギリシャ・インド・西アジアなどの文化の**影響**

　◎ 建築…**法隆寺**➡現存する**世界最古の木造建築**，四天王寺，中宮寺

　◎ 彫刻…**釈迦三尊像**・**百済観音像**・**弥勒菩薩像**
　　　　　　　　　　　　　　　　　広隆寺（こうりゅうじ）

　◎ 工芸…**玉虫厨子**
　　　　　　たまむしのずし

### 参考

**釈迦三尊像**

釈迦三尊像は**法隆寺金堂の本尊**で，渡来人の子孫である止利仏師〈鞍作鳥〉によってつくられたとされている。

▲ 法隆寺

---

### テストの例題チェック

① 7世紀初めに建国され，長安を都とした国は？　　　　　　　　[ 唐 ]

② 聖徳太子は，推古天皇のもとで何という役職について政治を行ったか？

　　　　　　　　　　　　　　　　　　　　　　　　　　　　　[ 摂政 ]

③ 有能な人材を登用するために定められた制度は？　　　　[ 冠位十二階 ]

④ 政治に対する役人の心構えを示したものは何？　　　　[ 十七条の憲法 ]

⑤ 607年に遣隋使として派遣された人物は誰？　　　　　　　[ 小野妹子 ]

⑥ 飛鳥文化が影響を受けた宗教は？　　　　　　　　　　　　　[ 仏教 ]

⑦ 現存する世界最古の木造建築といわれている寺院は何？　　　[ 法隆寺 ]

# 9 大化の改新と律令国家

## ☑ 1 | 大化の改新

### (1) 大化の改新

◎ 背景…聖徳太子の死後，**蘇我氏**の独裁的な政治に対する不満が高まる

◎ 始まり…645年，**中大兄皇子・中臣鎌足**
（のちの天智天皇）　（のちの藤原鎌足）
らが**蘇我氏**をたおして政治改革に着手

### (2) 改革の内容

◎ **公地・公民**…各地の豪族が支配していた**土地や人民を国家が直接支配する**

◎ **大化**という，日本で初めての元号が使われたといわれる

◎ 中国から帰国した留学生や僧らが協力

## ☑ 2 | 朝鮮半島の動き

### (1) 朝鮮半島の統一…**新羅**が高句麗・百済を滅ぼし，7世紀後半に半島を統一

### (2) 日本の動き

◎ 百済救援のため出兵 ➡
　日本と百済は友好関係にあった
**白村江の戦い**（663年）で大敗して，半島から手を引く

◎ 西日本の守りを固め，国内の政治改革に力を入れるようになった
　初めて戸籍をつくる

> **くわしく**
> **蘇我氏の動き**
> 蘇我馬子の死後，蘇我蝦夷・入鹿父子は，聖徳太子の子の山背大兄王を滅ぼし，朝廷での勢力は天皇をしのぐほどになった。

> **くわしく**
> **中大兄皇子**
> 白村江の戦いのあと，即位して**天智天皇**となる。初めての全国的な戸籍をつくるなど，天皇中心の国家を目指す改新政治を進めた。

▲ 7世紀ごろの朝鮮半島

**テストでは** 大化の改新の中心人物や内容，律令政治の内容などは確実につかんでおこう。

## 3│律令国家への道

(1) **壬申の乱**…天皇の位をめぐる戦い ➡ **天武天皇**が即位 ➡ 天皇中心の強い国づくり

(2) **大宝律令の制定**(701年) ➡ 天皇を頂点とする中央集権の政治のしくみが整う ➡ 律令に基づく政治を行う律令国家へ

- ・中央…二官八省の役所を置く
- ・地方…国を**国司**，郡を**郡司**

(3) **班田収授法**の実施…**戸籍**に基づいて**口分田**を支給
　　6年ごとに作成

(4) **人々の負担**

　**租** ➡ 稲の収穫量の約３％

　**調** ➡ 織物や地方の**特産物**

　**庸** ➡ 労役の代わりに**布**

　雑徭(労役)や兵役

### ✦ くわしく

**壬申の乱**

天智天皇の死後の672年，天皇の位をめぐって，天智天皇の弟の大海人皇子と子の大友皇子が戦った。大海人皇子が勝ち，即位して**天武天皇**となった。

| 二官 | | 八省 | |
|---|---|---|---|
| | | 中務省 | 詔の作成など |
| 神祇官 | 朝廷の祭り | 式部省 | 役人の人事など |
| | 左大臣 | 治部省 | 外交や寺院など |
| 太政官 | 太政大臣 | 民部省 | 戸籍や租税など |
| | 右大臣 | 兵部省 | 武官の人事など |
| | | 刑部省 | 裁判や刑罰など |
| | | 大蔵省 | 朝廷の財政など |
| | | 宮内省 | 宮中の事務など |

▲大宝律令による中央の政治のしくみ

## 📝 テストの例題チェック

① 大化の改新の中心人物は，中臣鎌足と誰？　　　　　　[ 中大兄皇子 ]

② 各地の豪族が支配していた土地や人民を国家が直接支配するとした方針を何という？　　　　　　　　　　　　　　　　　　[ 公地・公民 ]

③ 百済・高句麗を滅ぼし朝鮮半島を統一したのは？　　　[ 新羅 ]

④ 天智天皇の死後に起こった皇位をめぐる戦いは？　　　[ 壬申の乱 ]

⑤ 701年に完成し，律令政治の基礎となったきまりは？　[ 大宝律令 ]

⑥ 収穫した稲の約３％を納める税を何という？　　　　　[ 租 ]

# 10 平城京と天平文化

## 1│平城京と聖武天皇

### (1) 平城京
- ◎710年，奈良に都を移す
- ◎唐の都長安にならう
- ◎東西二つの市…調・庸の一部を売買
  └─ 農民が都まで運んで納めた産物など

### (2) 聖武天皇の政治
- ◎仏教の力で国家を守ろうとする
- ◎都に東大寺と金銅の大仏をつくる➡行基に協力させる
- ◎国ごとに国分寺・国分尼寺を建てる

**参考**

**貨幣**

708年に唐にならって和同開珎という貨幣が発行された。日本で最初の銅の貨幣は，天武天皇の時代につくられた富本銭。

▲和同開珎（みずほ銀行）

▲富本銭
（奈良文化財研究所）

## 2│奈良時代の人々の暮らし

### (1) 奈良時代の人々の暮らし
- ◎重い税の負担…租・調・庸，防人
- ◎「貧窮問答歌」からもうかがえる
  └─ 作者は山上憶良（やまのうえのおくら）

### (2) 公地・公民の原則の崩れ
- ◎口分田の不足…農民の逃亡，人口増加
  └─ 税が重いため
- ◎土地の私有
  - ・723年，三世一身法
    └─ 三代に限り新しく開墾した土地の私有を認める
  - ・743年，墾田永年私財法…新しく開墾した土地の永久私有を認める
  - ・貴族や寺社などの私有地…のちの荘園

**くわしく**

**防人**

九州北部に送られた兵士。期間は3年間で，主に東国の兵士が送られた。武器などの装備や旅費の一部などは自分で負担しなければならなかった。

## 3 | 遣唐使と天平文化

### (1)遣唐使の派遣

◎ 目的…唐の政治制度や文化の吸収

◎ 時期…630年から10数回派遣

### (2)天平文化…聖武天皇のころに最も栄えた

◎ 特色…国際色豊かな，貴族中心の**仏教文化➡正倉院の宝物**

◎ 建築…**正倉院**＝校倉造，
　　　　唐僧鑑真が**唐招提寺**を建てる

◎ 彫刻…興福寺の阿修羅像

◎ 和歌集…『**万葉集**』

◎ 歴史書…『**古事記**』
　　　　　『**日本書紀**』

◎ 地理書…『風土記』

> **参考**
>
> **正倉院の宝物**
>
> 聖武天皇の愛用品を納めた正倉院の宝物には，**紺瑠璃坏や水差しはペルシャ，琵琶はインド**の影響がみられる。

▲正倉院　　　（宮内庁正倉院事務所）

---

### 📝 テストの例題チェック

① 東大寺の大仏をつくるのに協力した僧は誰？　　　　　　[ 行基 ]

② 聖武天皇が国ごとに建てた寺を何という？　　　　　　[ 国分寺(国分尼寺) ]

③ 新しく開墾した土地の永久私有を認めた法令を何という？

　　　　　　　　　　　　　　　　　　　　　　　　　　[ 墾田永年私財法 ]

④ 貴族や寺社の私有地はのちに何と呼ばれたか？　　　　[ 荘園 ]

⑤ 630年から中国に派遣された使節を何という？　　　　　[ 遣唐使 ]

⑥ 校倉造で知られる東大寺の宝物庫を何という？　　　　[ 正倉院 ]

⑦ 天皇や貴族，防人や農民の歌を集めた和歌集は何？　　[ 万葉集 ]

# 11 平安京と摂関政治

## ☐ 1 律令政治の再建

### (1) 平安京

◎ 794年，**桓武天皇**が**京都**に都を移す

◎ 目的…仏教勢力を奈良に残して都を移し，律令政治を再建

**参考**

**律令国家の変化**

重い負担から逃れようと農民が戸籍に登録された土地から離れるなど，戸籍と実態が異なるようになると，税の取り立てが困難になっていった。

### (2) 律令政治の再建

◎ 地方政治の引き締め
└─ 国司への監督厳しく

◎ 農民の負担軽減…一般の人々の兵役をやめる

### (3) 東北地方の支配

◎ 蝦夷…朝廷の進出に，蝦夷の指導者アテルイが抵抗

◎ **坂上田村麻呂**を**征夷大将軍**に任命して派遣➡朝廷支配を広げる

▲ 東北地方の支配の広がり

## ☐ 2 新しい仏教

### (1) 平安時代の新仏教

◎ **最澄**…**天台宗**，比叡山**延暦寺**
└─ 滋賀県

◎ **空海**…**真言宗**，高野山**金剛峯寺**
└─ 和歌山県

### (2) 特色

◎ 山中で，学問や厳しい修行

◎ 祈りや，まじないを行う➡貴族の間に広まる
└─ わざわいや病気などを取り除くため

▲ 延暦寺と金剛峯寺

**テストでは** 平安京に都を移した天皇とその政治，平安時代の新仏教と開祖，摂関政治についてよく出題される。

## 3 | 摂関政治

### (1)藤原氏の台頭

◎ 藤原(中臣)鎌足の子孫

◎ 自分の娘を天皇のきさきにし，生まれた子を次の天皇にすることで力を伸ばす

◎ 有力な貴族を退ける

◎ 天皇の親戚となる

◎ 荘園の寄進を受け多くの収入を得る

### (2)摂関政治

◎ 藤原氏が摂政・関白を独占し，天皇に代わって政治を行う

　　天皇が幼いときに政治を行う ── 成人した天皇を助ける

◎ 11世紀前半の藤原道長・頼通父子のときに全盛

### (3)地方政治の変化

◎ 国司に任せきりで乱れる

◎ 班田収授法は10世紀に崩壊

**参考**

**道長の栄華**

この世をば わが世と
ぞ思ふ 望月の 欠けた
ることも なしと思へ
ば 　　　　（『小右記』）

1018年10月16日，娘の威子が天皇の后になった日に，道長が詠んだ歌。

| | 藤原氏 | その他の貴族 |
|---|---|---|
| 858年(良房のころ) | 5人 | 14人 |
| 887年(基経のころ) | 7人 | 16人 |
| 969年(実頼のころ) | 11人 | 18人 |
| 1017年(道長のころ) | 20人 | 24人 |
| 1065年(頼通のころ) | 18人 | 25人 |
| 1072年(教通のころ) | 17人 | 25人 |
| 1106年(忠実のころ) | 12人 | 26人 |

▲ 藤原氏の官職独占

### ✎ テストの例題チェック

① 794年に平安京に都を移した天皇は誰？　　　　　　　[ 桓武天皇 ]

② 蝦夷平定のため征夷大将軍に任命されたのは誰？　　[ 坂上田村麻呂 ]

③ 天台宗を始めたのは誰？　　　　　　　　　　　　　[ 最澄 ]

④ 空海が始めた新仏教の宗派を何という？　　　　　　[ 真言宗 ]

⑤ 藤原氏は何の寄進を受けて多くの収入を得た？　　　[ 荘園 ]

⑥ 藤原氏が摂政・関白を独占して行った政治を何という？　[ 摂関政治 ]

⑦ 平安時代に権限が強められ，地方政治を任された役人は？　[ 国司 ]

# 12 東アジアと国風文化

## ☑ 1 東アジアの動き

### (1)中国の動き

- ◎ 唐の衰え…7世紀末から律令政治の崩れ，争乱，異民族の侵入 ➡ 907年に滅亡

- ◎ 宋…979年，中国を統一，朱子学，水墨画などが発達

- ◎ 遼(契丹)…満州・華北を支配
  中国東北部

### (2)朝鮮半島の動き…新羅の衰え

➡ 10世紀前半，高麗が朝鮮半島統一
  コ リョ

### (3)大陸との交流…宋や高麗とは正式の国交はなかったが，大宰府にやってくる宋の商人との貿易が行われた

▲ 11世紀ごろの東アジア

## ☑ 2 遣唐使の停止

### (1)9世紀，遣唐使派遣の間隔が空くようになるいっぽう，唐の商人の船が，貿易のために日本に来るようになっていた

### (2)遣唐使の停止

- ◎ 894年，菅原道真が停止を進言して認められる

- ◎ 理由…唐の衰え，航海の危険性，財政難，商船の来航など

**参考**

**遣唐使**

遣隋使のあとを受けて，唐から制度や文化を取り入れるために，朝廷が送った公式の使節。630～894年の間に10数回派遣された。894年には，派遣が停止された。

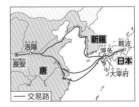

▲ 遣唐使の航路

— 交易路

## 3 | 国風文化

(1) **国風文化**…貴族が生み出した，唐の文化をもとにしながら日本の風土や生活，日本人の感情に合った文化

▲源氏物語絵巻　（五島美術館）

◎建築…貴族の邸宅➡**寝殿造**

◎絵画…**大和絵**

◎文学…仮名文字の普及➡人々の感情を表現できる

- ・物語…『**源氏物語**』➡**紫式部**
- ・随筆…『**枕草子**』➡**清少納言**
- ・和歌集…『**古今和歌集**』➡紀貫之ら

(2) **浄土信仰（浄土の教え）**

◎阿弥陀仏を信仰➡極楽浄土に生まれる

◎阿弥陀堂…**平等院鳳凰堂**
　└─ 平泉（岩手県）の中尊寺金色堂も有名

### ✐ テストの例題チェック

① 唐の滅亡後，中国を統一した国（王朝）を何という？　［　宋（北宋）　］

② 10世紀前半に朝鮮半島を統一した国を何という？　［　高麗　］

③ 遣唐使の停止を進言した人物は誰？　［　菅原道真　］

④ 平安時代の有力貴族の邸宅の建築様式を何という？　［　寝殿造　］

⑤『源氏物語』を著した人物は誰？　［　紫式部　］

⑥『枕草子』を著した人物は誰？　［　清少納言　］

⑦ 藤原頼通が建てた，京都府宇治市にある阿弥陀堂を何という？

［　平等院鳳凰堂　］

| 時代 | 日本 | 世界 |
|---|---|---|

**旧石器時代**

**縄文時代**

**弥生時代**

| | | |
|---|---|---|
| | | 約700～600万年前 アフリカに猿人が出現 |
| 約1万数千年前 | このころ縄文時代が始まる | 約200万年前 原人が出現 |
| 約1万年前 | 日本列島が成立する | 約20万年前 新人（ホモ・サピエンス）が出現 |
| | | 古代文明が発生する |
| | | → エジプト文明<br>メソポタミア文明<br>インダス文明<br>中国文明 |
| 紀元前4世紀ごろ | このころ弥生時代が始まる<br>九州北部に稲作が伝来する | |
| | | 紀元前8世紀ごろ ギリシャで都市国家（ポリス）ができる |
| | | 紀元前6世紀ごろ [中国] 孔子が儒学（儒教）のもととなる教えを説く |
| | | 紀元前6世紀ごろ [アジア] シャカ（釈迦）が仏教を開く |
| | | 前221 [中国] 秦の始皇帝が中国を統一<br>── 万里の長城<br>シルクロードの整備 |

# I章の時代のまとめ年表

| 時代 | 日本 | 世界 |
|---|---|---|
| **弥生時代** | 「くに」が成立する | 前27 [ヨーロッパ] ローマ帝国が成立 |
| 57 | 奴国の王が後漢に使者を派遣 | |
| 239 | 邪馬台国の卑弥呼が魏に使者を派遣 | 紀元前後 イエスがキリスト教を開く |
| 4世紀ごろ | 大和政権の国土統一が進む | |
| **古墳時代** 593 | 聖徳太子が摂政になる | |
| 603 | 冠位十二階が定められる | |
| 604 | 十七条の憲法が定められる | |
| **飛鳥時代** 607 | 小野妹子を遣隋使として派遣 | 610ごろ [アジア] ムハンマドが イスラム教を開く |
| 630 | 第1回遣唐使を派遣 | |
| 645 | 大化の改新が始まる | 618 [中国] 唐が中国を統一 |
| 663 | 白村江の戦いがおこる | |
| 672 | 壬申の乱がおこる ― 天武天皇即位 | |
| 701 | 大宝律令の制定　　**律令国家の成立** | |
| **奈良時代** 710 | 都を平城京に移す | |
| 743 | 墾田永年私財法が定められる ―― 公地・公民の原則の崩れ | |
| **平安時代** 794 | 都を平安京に移す | |
| 894 | 遣唐使が停止される | 936 [朝鮮] 高麗が朝鮮半島を統一 |
| | | 960 [中国] 宋が中国を統一 |
| 1016 | 藤原道長が摂政になる →　**摂関政治の全盛** | |

# 13 武士のおこりと成長

## 1 | 武士のおこり

### (1)武士のおこり

◎ 背景…9世紀末から10世紀にかけて，荘
園や公領をめぐる争いが増加

◎ おこり…都の武官や地方の豪族が武芸を
身につけ，**武士**と呼ばれるようになる
┗戦いの技術┛

### (2)武士団の形成

◎ 惣領を中心に一族や家来で**武士団**を形成
┗家の子┛┗郎党 とうりょう┛

◎ 有力な武士団…**源氏**や**平氏**が棟梁
┗げんじ┛┗へいし┛

## 2 | 武士の成長

### (1)地方の武士の反乱➡別の武士の力で平定

◎ **平将門の乱**…関東で反乱
┗たいらのまさかど┛

◎ **藤原純友の乱**…瀬戸内地方で反乱
┗ふじわらのすみとも┛

◎ 影響…朝廷が武士の力を認める
┗えいきょう┛

### (2)東北地方の争乱

◎ **前九年合戦**…陸奥の豪族安倍氏が
┗ぜんくねんかっせん┛ ┗むつ┛┗あべし┛
国司に対して反乱

◎ **後三年合戦**…出羽の豪族清原氏の
┗ごさんねんかっせん┛ ┗でわ┛┗きよはら┛
内部争い

◎ 2度の争乱を源氏が平定

### (3)奥州藤原氏…**平泉**を本拠地に約100
┗おうしゅう┛ ┗ひらいずみ┛┗ほんきょち┛ ┗岩手県┛
年繁栄

**くわしく**

**貴族と武士**

地方の武士の反乱を
別の武士の力を使っ
てしずめたことで，
朝廷は，朝廷の軍事
力の低下と，武士の
実力を認めた。その
後，朝廷は武士の力
を積極的に用いるよ
うになり，やがて武
士は政治の上でも力
をもつようになる。

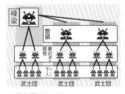

▲ 武士団のしくみ

▲ 地方の武士の反乱

## □ 3 | 院政と平氏政権

### (1) 院政と武士

◎ 背景…藤原氏の**摂関政治**の衰え

◎ 開始…1086年，**白河天皇**が**上皇**となって院で政治を行う

◎ 特色…荘園の寄進，僧兵の出現

◎ **保元の乱**…1156年，天皇と上皇の対立と藤原氏内部の争い

◎ **平治の乱**…1159年，**平 清盛**と**源 義朝**の争い➡平清盛が勝つ

### (2) 平氏の政権

◎ 1167年，**平清盛**が**太政大臣**となる➡貴族的な政治➡武士の反感をかう
└─ 朝廷の最高の役職

### (3) **日宋貿易**…清盛が兵庫の港(**大輪田泊**，現在の神戸港)を修築して行う
└─ 硫黄・刀剣などを輸出，宋銭・絹織物などを輸入

**参考**

**院政開始の背景**

11世紀の後半，藤原氏と親戚関係のうすい**後三条天皇**が天皇の位につき，藤原氏の勢力を抑えようとしたことから，しだいに摂関政治が衰えていった。

次の**白河天皇**は，1086年に天皇の位を譲って上皇となってからも政治を行った。院は，上皇やその御所(住まい)のこと。

### ✍ テストの例題チェック

① 大武士団の棟梁となったのは源氏と何氏？ 　　　　[ 平氏 ]

② 935年に関東で反乱を起こした人物は誰？ 　　　　[ 平将門 ]

③ 奥州藤原氏の本拠地となったところはどこ？ 　　　　[ 平泉 ]

④ 天皇が上皇となってからも実権を握って行った政治を何という？

　　　　[ 院政 ]

⑤ 平清盛が源義朝に勝利した内乱を何という？ 　　　　[ 平治の乱 ]

⑥ 1167年に武士として初めて太政大臣となった人物は誰？ 　　　　[ 平清盛 ]

⑦ ⑥が兵庫の港で進めた中国との貿易を何という？ 　　　　[ 日宋貿易 ]

# 14 鎌倉幕府の成立と執権政治

## 1 | 源平の争乱

### (1) 平氏への不満

◎ 平氏一族中心の**貴族的な政治**

◎ 貴族・寺社・地方武士が不満

### (2) 源平の争乱

◎ 1180年，**源頼朝**らが兵を挙げる

◎ 1185年，壇ノ浦で**源義経**が平氏を滅ぼす
　　　　　└─ 山口県 　└─ 頼朝の弟

## 2 | 鎌倉幕府の成立 🌟出る

### (1) 鎌倉幕府の始まり

◎ **守護**…国ごとに設置，**軍事・警察**

◎ **地頭**…荘園や公領に設置，**年貢の取り立て**➡以後，農民は荘園や公領の領主と地頭による**二重の支配**

◎ 1192年，**源頼朝**が**征夷大将軍**に任命される

### (2) 鎌倉幕府のしくみ…簡単で実際的

◎ **政所・侍所・問注所**など

◎ 将軍と御家人は土地を仲立ちに**御恩**と**奉公**の関係(封建制度)
　　　　　└─ 将軍と主従関係を結んだ武士

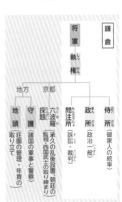

**くわしく**

**鎌倉に幕府を開いた理由**
①関東は源氏の地盤であり，鎌倉は源氏にゆかりの深い土地だった，②朝廷から遠く，貴族の影響を受けにくい，③鎌倉は三方が山で，前が海になっていて，攻めにくく守りやすい地形だった，などの理由で，鎌倉に幕府を開いた。

▲鎌倉幕府のしくみ(承久の乱後)

## □ 3 | 執権政治の確立

### (1) 執権政治

◎ 頼朝の死後，**北条氏**が**執権**となって実権を握る

### (2) 1221年，**承久の乱**

◎ 源氏の将軍が 3 代で絶える

➡ **後鳥羽上皇**が倒幕の兵を挙げる

➡ 幕府側の勝利

◎ 京都に**六波羅探題**を設置…朝廷の監視，西日本の武士の支配➡幕府の支配力が全国に広がる

### (3) **御成敗式目**…1232年，執権**北条泰時**が制定
└── 貞永（じょうえい）式目ともいう

◎ 目的…御家人に**裁判の基準**を示す

◎ 特色…**最初の武家法**，武士独自の法律

---

**くわしく**

**北条政子の演説**

承久の乱に際して，源頼朝の妻**北条政子**は，御家人に対し，頼朝の「**御恩**」を訴え，幕府に「**奉公**」し，朝廷方と戦うように訴えた。

**参考**

**武家法の手本に**

戦国時代の戦国大名が定めた**分国法**，江戸時代の**武家諸法度**などは，**御成敗式目**を手本につくられた。

---

### ✐ テストの例題チェック

① 壇ノ浦で滅ぼされたのは何氏？　　　　　　　　　　　[ 平氏 ]

② 荘園や公領に置かれて，年貢の取り立てなどを行った役職は何？ [ 地頭 ]

③ 鎌倉幕府の初代将軍となったのは誰？　　　　　　　　[ 源頼朝 ]

④ 執権政治を行ったのは何氏？　　　　　　　　　　　　[ 北条氏 ]

⑤ 1221年に起こった幕府方と朝廷方の戦いは？　　　　　[ 承久の乱 ]

⑥ ⑤ののちに京都に置かれた機関は何？　　　　　　　　[ 六波羅探題 ]

⑦ 北条泰時が制定した武士独自の法律を何という？[ 御成敗式目（貞永式目） ]

# |5 鎌倉時代の社会

## 1 | 武士の暮らし

### (1) 領地に住む地方の武士

◎ 領地に館を建てる

➡ 簡素で実用的な武士の館

◎ 田畑を農民に耕作させる

### (2) 武士の暮らし

◎ **惣領**が一族の長

◎ 領地は分割相続，女性にも相続権がある

### (3) 武芸にはげむ武士

◎ **弓馬の道，武士の道**…名誉を重んじる

◎ 戦いに備えて，**笠懸・流鏑馬・犬追物**などの武芸の訓練にはげむ
—— 鎌倉幕府に，一大事が起こることを「いざ鎌倉」といった

▲ **武士の館** （国立歴史民俗博物館）

▲ **現代の流鏑馬** （学研写真資料）

## 2 | 地頭の荘園侵略

### (1) 背景…地頭の力が強まり荘園領主と対立
—— 御家人が任命された

### (2) 荘園侵略

◎ **地頭**が年貢の横取り，土地や農民を勝手に支配➡荘園領主は**地頭**に荘園管理権や土地の半分を与える
—— 侵略をとめようとした —— 地頭請
—— 下地中分

◎ 結果…地頭の荘園侵略がすすむ

### ✎ くわしく

**地頭請と下地中分**

**地頭請**…荘園領主が地頭に一定額の年貢を納めさせる代わりに，荘園の管理を地頭に任せた。

**下地中分**…荘園の土地を領主と地頭で半分ずつに分け，互いに干渉しないようにした。

## 3 | 民衆の暮らし

### (1) 農業の発達

◎ 西日本を中心に米と麦の**二毛作**開始

◎ 牛馬耕・鉄製農具の普及

◎ 草や木の灰を用いた**肥料**の使用

### (2) 公武の二重支配 … 地頭と荘園領主から年貢・労役を課せられる➡民衆の**抵抗**

**参考**

**阿氏河荘の農民の訴え**
紀伊国（和歌山県）の阿氏河荘の農民は，**地頭**が自分の仕事を押しつけるなどの横暴に，**集団で村から逃げ出して**，その理由を荘園領主に訴えた。

## 4 | 商業の発達 出

### (1) 定期市 … 寺社の門前，交通の要所などで月に数回開く

➡売り買いには**宋銭**を使用

### (2) 問丸・馬借（運送業者）・高利貸し（金融業者）の出現

京都や鎌倉

（広島県立歴史博物館）

▲ 中世（鎌倉〜室町時代）の町並み（草戸千軒町遺跡：広島県）の復元

---

## ✏ テ ス ト の 例 題 チ ェ ッ ク

① 武士の一族の長となった者を何という？ [ 惣領 ]

② 同じ土地で米を収穫したあとに麦をつくる農業を何という？ [ 二毛作 ]

③ 鎌倉時代の農民を支配したのは，荘園領主と何？ [ 地頭 ]

④ 寺社の門前や交通の要所などで月に数回開かれた市を何という？

[ 定期市 ]

⑤ このころ使われた中国から輸入された貨幣を何という？ [ 宋銭 ]

# 16 新しい仏教と鎌倉文化

## 1 新しい仏教

### (1)新しい仏教の誕生

- ◎背景…心のよりどころを求める
  └── 戦乱やききんで社会不安が増す
- ◎特色…わかりやすく，信仰しやすい

### (2)新しい仏教の開祖と教え

| | 宗派 | 開祖 | 教え | 広がり |
|---|---|---|---|---|
| 念仏宗 | 浄土宗 | 法然 | 念仏を唱え，阿弥陀仏にすがれば，極楽浄土に生まれ変わる | 公家・上級武士 |
| | 浄土真宗 | 親鸞 | | 地方武士・民衆 |
| | 時宗 | 一遍 | | 武士・民衆 |
| | 日蓮宗（法華宗） | 日蓮 | 題目を唱えれば人も国家も救われる。他宗を激しく非難する。 | 関東武士・近畿の商工業者 |
| 禅宗 | 臨済宗 | 栄西 | 座禅で悟りを開く | 上級武士・公家 |
| | 曹洞宗 | 道元 | 権力をきらう | 地方武士・民衆 |

**ミス注意**

**禅宗**

宋から伝わった，座禅を行い自力で悟りを開くことを説く仏教の宗派。

## 2 鎌倉文化の特色

### (1)貴族を中心とした文化…平安時代から続く伝統的な文化➡和歌集など

### (2)新たに力を伸ばした民衆や武士を中心とする文化

- ◎武士の気風を反映した力強い作品
- ◎人間の姿をありのままに表現する写実的な作品

**参考**

**新仏教への迫害**

法然は，念仏を唱えれば誰でも救われると説き，天台宗や真言宗などの伝統的な仏教勢力に迫害された。日蓮は幕府や他宗派を非難したため迫害を受けた。

テストでは 新しい仏教のおこった背景や宗派と開祖，鎌倉文化の特色・内容などが問われることが多い。まとめて覚えておこう。

## □ 3│鎌倉文化

### (1) 文学

◎ 軍記物…『平家物語』➡武士の戦いをえがく，琵琶法師が語り伝える

◎ 和歌集…『新古今和歌集』➡藤原定家
『金槐和歌集』➡源 実朝

◎ 随筆…『方丈記』➡鴨長明
『徒然草』➡兼好法師

### (2) 建築…東大寺南大門

### (3) 彫刻…金剛力士像
➡運慶・快慶ら

### (4) 絵巻物…戦乱や僧の伝記などが題材
└─一遍上人絵伝─┘

### (5) 似絵…写実的な肖像画

**ミス注意**

「古今」と「新古今」和歌集
『古今和歌集』は10世紀初めに紀貫之らが編集したもの。
『新古今和歌集』は13世紀初めに藤原定家らが後鳥羽上皇の命令で編集したもの。

▲似絵 (神護寺)

▲東大寺南大門(東大寺)

---

### ✐ テストの例題チェック

① 浄土真宗を開いた人物は誰？ 　　　　　　　　　　　[ 親鸞 ]

② 栄西が開いた禅宗の宗派は何？ 　　　　　　　　　　[ 臨済宗 ]

③ 武士の戦いを描き，琵琶法師が語り伝えた軍記物は何？

[ 平家物語 ]

④ 鴨長明が著した随筆を何という？ 　　　　　　　　　[ 方丈記 ]

⑤ 宋から伝わった建築様式で建てられた東大寺の門は何？ [ 南大門 ]

⑥ 運慶らが制作し，⑤に収められている仁王像は何？ [ 金剛力士像 ]

# 17 元寇と鎌倉幕府の滅亡

## 1 モンゴル帝国の拡大

(1) **モンゴル帝国**の成立…13世紀の初め，チ
ンギス=ハンが建国➡**大帝国**へ
  └─ ユーラシア大陸の東西にまたがる

(2) 元の成立

◎ **フビライ=ハン**が国号を**元**に
  └─ 都は大都（現在の北京）

◎ 1279年，宋(南宋)を滅ぼし中国を統一

◎ マルコ=ポーロ…『世界の記述』
  └─ フビライに仕えたイタリア人　　『東方見聞録』ともいう

## 2 元 寇

(1) **元寇**(蒙古襲来)

◎ **元**が，2度にわたり九州北部に襲来

◎ 背景…元が日本の服属を要求➡執権
**北条時宗**が元の要求を拒否

◎ 1274年**文永の役**…日本軍は，元軍
の火薬兵器と集団戦法に苦戦

◎ 1281年**弘安の役**…博多湾岸に築い
た防壁が元軍の上陸を防ぐ
  └─ 防壁（ぼうるい）

◎ 御家人の奮戦と暴風雨など
で元軍は引き揚げる

(2) **元寇の影響**

◎ 幕府は**財政難**になる

◎ 十分な**恩賞**がなく，**御家人
の不満が高まる**

**参 考**

**神国思想**

2度にわたる**元寇**
は外国との戦いだっ
たため，日本人に国
家に対する自覚を高
めさせることになっ
た。暴風を，日本を
守ってくれた「**神風**」
と考え，**日本は神国**
(神が守る国)である
とする思想が生まれ
た。

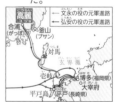

▲元軍の進路

▲元軍の兵士と戦う武士　　（菊池神社）

**2章**

## □ 3│鎌倉幕府の滅亡

(1) **御家人の生活苦**…元寇で戦費を負担したが恩賞が不十分，分割相続が続き領地が減少➡**領地の売却や質入れ**

　◎ 1297年，（**永仁の**）**徳政令**を出す➡効果は一時的➡幕府への反感が高まる

(2) **鎌倉幕府の衰えから滅亡へ**

　◎ 幕府の財政難，悪党の出現

　◎ **後醍醐天皇**が倒幕を目指す➡1333年，**足利尊氏・新田義貞・楠木正成**らが鎌倉幕府を滅ぼす
　　　　　　　悪党勢力

(3) **建武の新政**

　◎ **後醍醐天皇**の政治
　　　　　　　　天皇中心

　◎ **公家（貴族）重視**➡約2年で失敗
　　　公家　　武士の不満が高まる

### くわしく

**徳政令**

御家人の生活苦を救うため，鎌倉幕府は，1297年に**永仁の徳政令**を出し，質入れした領地をただで取り返させた。

### くわしく

**悪党**

鎌倉時代末期から，幕府や荘園領主に反抗する武士などの集団が現れ，武力で年貢を奪うなどした。「悪」とは強いという意味。

## 📝 テストの例題チェック

① 国号を元とし，日本に服属を求めた人物は誰？　　　　　[　フビライ=ハン　]

② 元寇のときの鎌倉幕府の執権は誰？　　　　　　　　　　[　北条時宗　]

③ 元寇とは，文永の役ともう一つは何？　　　　　　　　　[　弘安の役　]

④ 1297年に，御家人が質入れした領地をただで取り返させた法令を何という？
　　　　　　　　　　　　　　　　　　　　　　　　　　　[　（永仁の）徳政令　]

⑤ 新田義貞・楠木正成らとともに倒幕に協力した有力武士は誰？
　　　　　　　　　　　　　　　　　　　　　　　　　　　[　足利尊氏　]

⑥ 建武の新政を始めた天皇は誰？　　　　　　　　　　　　[　後醍醐天皇　]

# 18 南北朝の動乱と室町幕府

## 1 南北朝の動乱

**(1)足利尊氏の挙兵** …建武の新政が倒れる
　　あしかがたかうじ　　けんむ　　しんせい
　　└─ 武家政治の復活を目指す

**(2)南北朝の動乱(内乱)**
　　なんぼくちょう

◎ **南朝** …**後醍醐天皇**が**吉野**(奈良県)に逃れ
　　　ごだいごてんのう　　よしの　　　のが
　て開いた朝廷
　　ちょうてい

◎ **北朝** …**足利尊氏**が**京都**に新たに天皇を立
　てて開いた朝廷

◎ 全国の武士が，南朝か北朝のどちらかに
　ついて争う➡約60年間続く(**南北朝時代**)
　　　　└─ 2つの朝廷

**(3)守護大名の成長**
　　しゅご

◎ 守護の権限が強められる

◎ 国を自分の領地として支配➡**守護大名**に
　　　　　　　　　　　　しゅごだいみょう

## 2 室町幕府の成立 🐱土る
　　むろまちばくふ

**(1)室町幕府の成立**

◎ 1338年，**足利尊氏**が北朝から征夷大将
　　　　　　　　　　　　　せいいたいしょう
　軍に任じられて京都に幕府を開く
　ぐん

◎ 第3代将軍**足利義満**が京都の**室町**に御
　　　　　　　よしみつ　　　　　　　　　ご
　所を建てる➡**室町幕府**という
　しょ　　└─「花の御所」と呼ばれる

**(2)1392年，足利義満のとき南朝と北朝が統
　一され，室町幕府が全盛となる**

**(3)室町時代** …室町幕府成立から約240年間
　　　　　　　　└─ 1338年

✍ **参考**

**足利尊氏挙兵の理由**
　　　　　　　さいこう
①武家政治の再興を
はかった，②建武の
新政に不満をもつ武
士が尊氏のもとに集
まった，などの理由
による。

▲ 南朝と北朝の位置

✍ **くわしく**

　**義満と守護大名**
足利義満は**全国の武
士を支配**するため，
南北朝の動乱の中で
力をつけた山名氏・
　　　　　　やまな
大内氏などの**有力な
おおうち
守護大名を攻め**，そ
の勢力をおさえた。

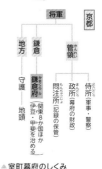

<br>

## 3 | 室町幕府のしくみ

### (1)特色

◎ 室町幕府は，朝廷の権限をしだいに吸収し，全国を支配する唯一の政権となる

◎ 義満の死後，**守護大名**の力が強まる

### (2)中央のしくみ

◎ **管領**…将軍の補佐役

◎ **侍所**…御家人の統率，京都の警備

◎ **政所**…幕府の財政

◎ **問注所**…政治の記録の保管など

### (3)地方のしくみ

◎ **鎌倉府**… 東国10か国を支配，長官は鎌倉公方

◎ 守護…地頭を従える

◎ 九州探題，奥州探題

### ミス注意

**管領**

鎌倉時代の**執権**に代わり，将軍の補佐役として**管領**が置かれた。有力な細川氏や畠山氏などの守護大名が交代で任命された。

▲室町幕府のしくみ

## テストの例題チェック

① 吉野に逃れた後醍醐天皇の朝廷を何という？ 　[ 南朝 ]

② 国を自分の領地のように支配した守護を何という？ 　[ 守護大名 ]

③ 室町幕府を開いたのは誰？ 　[ 足利尊氏 ]

④ 南北朝を統一した第3代将軍は誰？ 　[ 足利義満 ]

⑤ 室町幕府の将軍の補佐役を何という？ 　[ 管領 ]

⑥ 御家人の統率や京都の警備などを行った幕府の役所は何？ 　[ 侍所 ]

⑦ 鎌倉に置かれ，主に関東を支配した幕府の役所は何？ 　[ 鎌倉府 ]

# 19 日明貿易と東アジア

## 1│倭寇

(1)**倭寇**…中国・朝鮮沿岸で密貿易や海賊行為を行う人々➡西日本の武士・商人・漁民
  └ ほかに中国人や朝鮮人もいた

(2)**活動時期**…南北朝時代ごろと16世紀に活発

(3)**影響**…高麗の滅亡，明の滅亡を早める

▲倭寇の侵略地域

(凡例) ■明とのおもな交通路 ■倭寇に襲われた地域

## 2│日明（勘合）貿易

(1)開始の理由

◎明…**倭寇の取り締まり**を求める

◎日本…**朝貢の形式**で貿易を行う➡貿易の利益は幕府の財源に

(2)貿易の開始

◎1404年，**足利義満**が**明**との間で開始＝**日明貿易**

◎正式な貿易船は**倭寇と区別**するために，**勘合**という証明書を使用したことから**勘合貿易**ともいう
  └ 明から与えられた

(3)貿易品

◎輸出品…刀剣・銅・硫黄・扇・漆器

◎輸入品…**銅銭**・絹織物・書画
  └ 永楽通宝など

### 参考

**倭寇の活動**

14世紀ごろから活動した倭寇は，西日本の武士や商人・漁民が中心だった。勘合貿易で一時活動が衰えたが，16世紀になると中国や朝鮮の人々が中心の倭寇が再び活発になった。

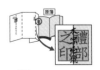

▲勘合

## □ 3 | 東アジアの情勢

(1) **明の成立** … 1368年，漢民族がモンゴル民族を北に追い出して建国

　◎ 産業 … 陶磁器や絹織物などの手工業が発達

　◎ 文化 … **朱子学**がさかん，陽明学がおこる
　　　　　　　　　└ 日本に伝わる

(2) **朝鮮国の成立**
　└ 李成桂（りせいけい）が建国

　◎ 1392年，**高麗**をたおして建国

　◎ 独自の文字**ハングル**をつくる

　◎ 朱子学が発達

(3) **琉球王国** … 15世紀に尚氏が沖縄島を統一
　➡ **中継貿易**で栄える
　　　└ 中国と東南アジアを結ぶ

(4) **蝦夷地（北海道）** … **アイヌ民族**が狩り，漁，採集，交易を行う ➡ 本州の和人の進出で圧迫される ➡ 15世紀半ば，コシャマインを中心に立ち上がったが，敗北

### 参考

**永楽通宝**

明の永楽帝のときにつくられた銅銭（明銭）である永楽通宝は，日明（勘合）貿易で日本に輸入され，通貨として広く流通した。

### くわしく

**朝鮮の倭寇対策**

朝鮮では，日本に倭寇の取り締まりを求めるとともに，略奪を行わない者には貿易を許可するなどの対策をとった。

### 📝 テストの例題チェック

① 中国・朝鮮沿岸を襲った集団は？ 　　　　　　　　　　　[ 倭寇 ]

② 勘合貿易を始めた人物は誰？ 　　　　　　　　　　　　　[ 足利義満 ]

③ 15世紀初めに日本と貿易を行った中国の王朝は？ 　　　　[ 明 ]

④ 正式な貿易船と倭寇を区別するために使われた証明書を何という？

　　　　　　　　　　　　　　　　　　　　　　　　　　　[ 勘合 ]

⑤ 明を建国した民族を何という？ 　　　　　　　　　　　　[ 漢民族 ]

⑥ 15世紀に尚氏が沖縄島を統一して建てた国を何という？ 　[ 琉球王国 ]

⑦ 朝鮮国でつくられた独自の文字を何という？ 　　　　　　[ ハングル ]

# 20 民衆の成長と戦国大名

## 1│諸産業の発達

(1) **農業の発達**…**二毛作**が広がる ➡ **牛馬耕**・草木灰に加え，**堆肥**・水車の利用

(2) **手工業の発達**

◎ **職人**…大工・紙すき・機織りなど

◎ **特産物**…西陣の絹織物，美濃の和紙など

(3) **鉱業の発達**…金，銀，砂鉄などの採掘
└─ 石見鉱山（島根県）

(4) **商業の発達**

◎ 各地での**定期市**，**座**ができる
└ 開かれる日数が増えた └ 商工業者の同業組合

◎ **運送業**…**馬借**・車借・**問（問丸）**
こうり が └ばしゃく └どそう └とい └といまる

◎ **高利貸し業**…**土倉**・酒屋
└とくら

(5) **都市の発達**…城下町・門前町・港町，**自治都市**…**堺**・**京都**・**博多**
└ 京都の町衆などが寄合を開き自治を行う

▲馬借　　　（石山寺）

## 2│農民の成長

(1) **村の自治**…自治的な組織である**惣（惣村）**が**寄合**を開いて村のおきてなどを決める ➡ 農民が団結を強める

(2) **土一揆**…農民などによる一揆

◎ **徳政令**や**年貢**の引き下げを要求 ➡ **正長の土一揆**（滋賀県など）1428年

◎ その他の一揆…**山城の国一揆**（京都府），1485年～ **加賀の一向一揆**（石川県）1488年～

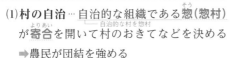

テストでは 商業や都市の発達，農民の自治と土一揆，応仁の乱の原因や影響などについての出題が多い。

## □ 3 | 応仁の乱と戦国大名

(1) 1467年，**応仁の乱** が起こる

　◎ **原因**…将軍足利義政のあとつぎ争い，有
　　　　　　└─第8代将軍
　　力守護大名の細川氏と山名氏の対立

　◎ **経過**…京都を中心に約11年間続く

　◎ **影響**…幕府の衰え➡**下剋上**の風潮の広が
　　り➡**戦国時代**へ
　　　　　　└─以後100年ほど続く

(2) **戦国大名の出現**

　◎ 守護大名の家来や実力のある守護大名が
　　**戦国大名**になった

　◎ **分国法**を定めるなど，領内の
　　　└─家法ともいう
　　武士や農民を厳しく支配

　◎ 主な政策…強力な軍隊を作る，
　　農業の振興，商工業の保護，
　　鉱山の開発

### くわしく

**下剋上**

応仁の乱のころから広がった，**下の身分の者が上の身分の者を実力でたおす風潮**。守護大名の家臣が，大名をたおし，その地位をうばった。

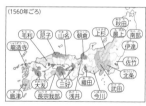

▲ 主な戦国大名の分布

## ✎ テストの例題チェック

① 室町時代に高利貸し業を営んだのは酒屋と何？　[ 土倉 ]

② 惣（惣村）で村のおきてなどを決めた会合を何という？　[ 寄合 ]

③ 土一揆を起こした，農民は何の引き下げを要求した？　[ 年貢 ]

④ 1467年に京都を中心に起こった戦乱を何という？　[ 応仁の乱 ]

⑤ 下の身分の者が上の身分の者を実力でたおす風潮を何という？　[ 下剋上 ]

⑥ 戦国大名が，領内の武士や農民などを支配するために定めた法令を何という？

[ 分国法 ]

# 21 室町時代の文化

## 1 室町文化の特色

### (1)特色

◎ **貴族(公家)**の文化と**禅宗**の影響を受けた

**武士(武家)**の文化が混じり合った文化

◎ 禅宗の影響，**簡素で深みがある**文化

### (2)北山文化 … 足利義満のころ栄える

### (3)東山文化 … 足利義政のころ栄える

**くわしく**

**書院造**

室町時代に発達した建築様式。床の間・違い棚をつくり，たたみを敷き，明かり障子やふすまを用いた。

## 2 室町文化の遺産

### (1)芸能

◎ **能(能楽)** … 観阿弥・世阿弥父子が大成
└ 田楽・猿楽をもとにした ┘ └ 足利義満が保護 ┘

◎ **狂言** … 能(能楽)の合間の短い喜劇
└ あいま ┘

### (2)建築

◎ **金閣**(足利義満)・**銀閣**(足利義政)

◎ **書院造** … 現代の和風建築のもと

◎ **枯山水の庭園** … 龍安寺の石庭など

### (3)絵画

◎ **雪舟** … 日本風の**水墨画**を大成

**参考**

**枯山水**

枯山水は，水を用いず石や砂で山や水を表現する庭園の様式。河原者と呼ばれ差別を受けていた人々の優れた技術でつくられた。

▲水墨画 雪舟 (Colbase)

▲金閣　　　　▲書院造

## 3 | 仏教・学問の普及

### (1)仏教の普及

◎ 浄土真宗 ➡ 武士や農民に広まる
　　└─一向宗とも呼ばれた　　└─北陸や近畿地方

　日蓮宗 ➡ 京都や堺の町衆に広まる
　にちれん　　　　　　　└─町衆(まちしゅう)

◎ 禅宗の影響 … 書院造，水墨画

◎ 禅僧の活躍 … 文芸・外交・貿易にて
　ぜんそう　かつやく

### (2)学問の普及 … 足利学校に各地から集まった僧や武士が儒学を学ぶ
　　　　　　└─栃木県・上杉氏が保護──┘　　じゅがく

## 4 | 文化の広がり

### (1)民衆に広がる文化 … 戦乱を避けて公家や僧が京都から地方に下る

### (2)民衆の文芸，生活の変化

◎ 御伽草子，連歌，茶の湯，生け花の流行
　おとぎぞうし　れんが

◎ 年中行事 … 盆踊り・村祭り
　　　　　　ぼんおどり

**参考**

**民衆の文芸**

**御伽草子**…絵入りの物語で，「浦島太郎」や「一寸法師」など。現在まで伝わっているものも多い。
**連歌**…和歌の上の句と下の句を交互に詠み連ねていく文芸で，宗祇が大成した。

▲ 茶の湯　　　　　（ピクスタ）

---

## ✎ テ ス ト の 例 題 チ ェ ッ ク

① 東山文化が栄えたころの将軍は誰？ 　　　　　[ 足利義政 ]

② 観阿弥・世阿弥父子が大成した芸能は何？ 　　[ 能(能楽) ]

③ 現在の和風建築のもとになった建築様式は？ 　[ 書院造 ]

④ 金閣を建てた将軍は誰？ 　　　　　　　　　　[ 足利義満 ]

⑤ 水墨画を大成した人物は誰？ 　　　　　　　　[ 雪舟 ]

| 時代 | 日本 | | 世界 |
|---|---|---|---|
| | **935** 平将門の乱が起こる | **936** | [朝鮮] 高麗が朝鮮半島を統一する |
| | **939** 藤原純友の乱が起こる | | |
| 平安時代 | **1086** 白河上皇が院政を始める | | |
| | **1156** 保元の乱が起こる | | |
| | **1159** 平治の乱が起こる | | |
| | **1167** 平清盛が武士として初めて太政大臣になる | | |
| | 日宋貿易を行う | | |
| | ── 平氏の全盛期 | | |
| | **1185** 平氏が壇ノ浦で戦い，滅亡する | | |
| | 源頼朝が守護・地頭を設置する | | |
| 鎌倉時代 | **1192** 源頼朝が征夷大将軍に任命される | | **鎌倉幕府が成立** |
| | **13世紀 初め** 北条氏による執権政治が始まる | | |
| | **1221** 後鳥羽上皇が承久の乱を起こす | | |
| | 乱後，幕府が六波羅探題を設置 | | |
| | ── 幕府の支配の広がり | | |
| | **1232** 北条泰時が御成敗式目（貞永式目）を制定する | | |
| | ── 御家人へ裁判の基準を示した，最初の武家の法律 | | |

# ▶▶ 2章の時代のまとめ年表

| 時代 | 日本 | 世界 |
|---|---|---|
| 鎌倉時代 | 1274 **文永の役**が起こる ┐<br>1281 **弘安の役**が起こる ┘<br>　　　　**元寇（蒙古襲来）**<br>1297 幕府が（永仁の）**徳政令**を出す<br>1333 鎌倉幕府が滅亡する | 1271 ［アジア］**元**が中国を統一 |
| 南北朝時代 | 1334 **建武の新政**が始まる<br>　　── 後醍醐天皇の公家重視の政治<br>1336 **南北朝の動乱**が始まる<br>1338 **足利尊氏**が征夷大将軍に任命される<br>　　── **室町幕府**が成立する | 1368 ［中国］**明**の建国 |
| 室町時代 | 1392 足利義満のとき南北朝が統一<br>1404 **日明（勘合）貿易**が始まる<br>　　── 明と**朝貢**の形式での貿易<br>1428 **正長の土一揆**が起こる<br>1429 **琉球王国**の建国<br>1467 **応仁の乱**が始まる | 1392 ［朝鮮］**朝鮮国**の建国 |
| | | **下剋上の風潮**が広がり，戦国時代へ |
| 戦国時代 | 1485 **山城の国一揆**が起こる<br>1488 **加賀の一向一揆**が起こる<br>　　── 農民の成長 | |

# 22 中世ヨーロッパとイスラム世界

## 1 ヨーロッパ諸国のおこり

(1) **ローマ帝国**…東西に分裂
└ 4世紀末

◎ 東ローマ(ビザンツ)帝国…15世紀まで続く

◎ 西ローマ帝国… 5 世紀まで続く

(2) **キリスト教の発展**

◎ **正教会**…ビザンツ(東ローマ)帝国

◎ **カトリック教会**…西ヨーロッパに広がる

➡ ローマ教皇(法王)…カトリック教会の首長，各国の王をしのぐ政治権力をもつ➡西ヨーロッパ諸国の王や貴族との結びつきを強め，勢力を広げる

## 2 イスラム世界

(1) **イスラム帝国**

◎ 8 世紀，三地域にまたがる大帝国に発展
└ 東は中国(唐)，西はヨーロッパに接する

➡ 15世紀，**オスマン帝国**がビザンツ帝国を征服

◎ ムスリム(イスラム教徒)の商人が東西の貿易で活躍

(2) **イスラム文化**…個性豊かで高度な文化

➡ アラビア数字，『**アラビアン・ナイト**』
└ 現在使われている数字  └ 『千夜一夜物語』

### 参考

**中世のヨーロッパとキリスト教**

中世のヨーロッパとは，5 世紀に西ローマ帝国が滅んでから15世紀ごろまで。このころのヨーロッパではキリスト教が広まり，人々の考えや生活に大きな影響を与えていた。

### 参考

**バグダッド**

イスラム帝国の都バグダッドは政治・経済・文化の中心で，唐の**長安**とならぶ**国際都市**だった。

▲イスラム帝国(8世紀ごろ)

## 3│十字軍の遠征

(1)**背景**…イスラム勢力が聖地**エルサレム**を占領➡ビザンツ(東ローマ)帝国を圧迫する
└─ キリスト教の国

(2)**十字軍の遠征**
└─ 胸に十字架のマークをつけた

　◎**ローマ教皇**が聖地奪回を呼びかける

　◎1096年から約200年間に何度も遠征➡聖地奪回は失敗

　◎**影響**…教会の勢力が衰え，貴族・騎士が没落

(3)**王の権力が強まる**…大商人と結び，経済力をつける，貴族・騎士の領地を没収

(4)**東西交流**…イスラムの学問・文化などがヨーロッパに伝えられる

**ミス注意**

**エルサレム**

エルサレムは，ユダヤ教，キリスト教，イスラム教の聖地である。現在，**イスラエル**が自国の**首都**と宣言している。

**参考**

**都市の発達**

商工業者の経済力が高まると，都市は領主(国王や諸侯)から**自治権**を買い取ったり，戦って**自治権**を獲得したりしていった。

### テストの例題チェック

① 4世紀末に東西に分裂した帝国は？　　　　　　　　　　[　ローマ帝国　]

②ローマ教皇を首長とし，西ヨーロッパに広がったキリスト教の教会は？
　　　　　　　　　　　　　　　　　　　　　　　　　[　カトリック教会　]

③イスラム帝国の首都はどこ？　　　　　　　　　　　　[　バグダッド　]

④ユダヤ教・キリスト教・イスラム教の聖地である都市は？
　　　　　　　　　　　　　　　　　　　　　　　　　　[　エルサレム　]

⑤11世紀に④の都市を占領した勢力が信仰していた宗教は？[　イスラム教　]

⑥聖地奪回を目的に派遣された軍隊を何という？　　　　　[　十字軍　]

# 23 ルネサンスと宗教改革

## ☑ 1 ルネサンス

(1) **ルネサンス（文芸復興）** … 14世紀，**イタリアの都市**から始まった ➡ 西ヨーロッパへ広がる

(2) 意味 … **古代ギリシャ・ローマの文化を理想**とする新しい動き

(3) 背景 … イスラム世界との貿易で栄えていたイタリアの都市でおこった，カトリック教会の教えにとらわれない**人間らしさ**を重視する動きの高まり

●文化の中心都市

▲ **イタリアの諸都市**

### ✎ 参考
**中国の技術**

中国から伝わった火薬や羅針盤は，ルネサンスの時代のヨーロッパで改良され，戦い方や長い距離の航海術が生み出された。

## ☑ 2 ルネサンスの芸術・学問

(1) 美術 … **レオナルド゠ダ゠ビンチ** ➡ 「モナ゠リザ」，ミケランジェロ ➡ 「ダビデ」，ボッティチェリ ➡ 「春」，ラファエロ ➡ 「アテネの学堂」

(2) 自然科学

◎ **コペルニクス** … **地動説**を唱える
　カトリック教会は天動説を主張

◎ **ガリレイ** … 地動説の正しさを証明，望遠鏡の発明

◎ ルネサンス期の技術の発達 … 火薬・羅針盤，**活版印刷機**の発明 ➡ 多くの人々が聖書を読めるように
　　　　グーテンベルク

▲ 「モナ゠リザ」（Album/PPS通信社）

## 3 宗教改革

(1) **背景**…ローマ教皇（法王）が**免罪符**を発行

(2) **宗教改革**…カトリック教会の腐敗を正そうとする運動

◎ 1517年，**ルター**が**ドイツ**で始める

　➡免罪符に抗議，よりどころは**聖書**

◎ 1541年，**カルバン**がスイスで始める➡

　職業にはげむことを主張

(3) **プロテスタント**（抗議する者）の誕生…**カトリック教会**と対立

(4) **カトリック教会側の改革**

◎ 宗教改革の反省に立って信仰を立て直す

◎ **イエズス会**の結成…**フランシスコ゠ザビエル**らが海外布教をすすめる

　日本にキリスト教を伝える

### くわしく

**免罪符**

ローマ教皇が大聖堂を修築するために発行したもので，これを買えば罪が許され，天国に行けるなどとされたもの。これに対し，**ルター**は，信仰のよりどころは**聖書**だけであると主張した。

▲**ルター** (Alamy/PPS通信社)

### テストの例題チェック

① ルネサンスが始まった国はどこ？ 　　　　　　　　　[ **イタリア** ]

② イタリアの美術家で，「モナ゠リザ」などを描いた人物は誰？

　　　　　　　　　　　　　　　[ **レオナルド゠ダ゠ビンチ** ]

③ コペルニクスの地動説を証明した人物は誰？ 　　　　[ **ガリレイ** ]

④ 1517年にドイツで宗教改革を始めたのは誰？ 　　　　[ **ルター** ]

⑤ 1541年にスイスで宗教改革を始めたのは誰？ 　　　　[ **カルバン** ]

⑥ 宗教改革を支持する人々を何という？ 　　　[ **プロテスタント** ]

⑦ 海外布教を行ったカトリック側の組織は？ 　　　　[ **イエズス会** ]

# 24 ヨーロッパの世界進出

## □ 1 大航海時代

(1) **背景**…ヨーロッパで，香辛料などアジア
の産物を直接手に入れるため，キリスト
教を広めるため
　└──イスラム勢力に対抗

(2) **ポルトガル・スペイン**…海路でアジアと
直接貿易をするため，新航路を開拓

(3) **航海技術の進歩**
　◎ 羅針盤の改良で遠洋航海が可能に
　　　└──方位と進路を測る器具
　◎ 天文学，海図の製作法が進歩

(4) **新航路の開拓**
　◎ **コロンブス**…1492年，**西インド諸島**（北
　　└──コロンブスはインドの一部と信じていた
　アメリカ大陸に連なる島々）に到達
　◎ **バスコ=ダ=ガマ**…1498年，**インド航路**
　◎ **マゼラン**の船隊…1519～22年，**世界一**
　　　　└──マゼランはフィリピンで戦死
　周を達成

新航路の開拓

## 2 ヨーロッパ諸国の世界進出

(1) **ポルトガル** … ゴア・マラッカ・マカオを本拠地に**アジア貿易を独占**→中継貿易

(2) **スペイン**

　◎ アメリカ大陸に進出 … **アステカ王国・インカ帝国**を滅ぼす

　◎ マニラを本拠地にアジアに進出 ➡ 1580年，ポルトガルを併合

(3) **アメリカ大陸** … ヨーロッパの**植民地**に

(4) **イギリス** … スペインの**無敵艦隊**を破り，アジア・北アメリカに進出

(5) **オランダ** … 東インド会社設立 ➡ インドネシアに進出，ヨーロッパの商業・金融の中心地

**くわしく**

**新航路開拓の影響**

16世紀の後半から，ポルトガル・スペインのほか，オランダやイギリスもアジアへ進出し，日本にも接近してきた。

▲アステカ王国とインカ帝国

■ アステカ王国
■ インカ帝国

---

## テストの例題チェック

① アジアに直接行くために新航路を求めた国はポルトガルとどこ？ 　　[ スペイン ]

② 1492年に西インド諸島に到達したのは誰？ 　　[ コロンブス ]

③ 初めて世界一周を達成したのは誰の船隊？ 　　[ マゼラン ]

④ スペインが滅ぼした南アメリカ大陸の帝国を何という？ 　[ インカ帝国 ]

⑤ ポルトガルを併合して世界貿易を独占した国は？ 　　[ スペイン ]

⑥ 新航路開拓後，外国によって支配された地域を何という？ 　　[ 植民地 ]

# 25 ヨーロッパ人の来航と織田信長

## 1 ヨーロッパ人の来航

### (1)背景

◎ 新航路の開拓<sup>かいたく</sup>でアジアへ進出

◎ 宗教改革<sup>しゅうきょうかいかく</sup>➡️**イエズス会がアジアへ布教**

### (2)鉄砲の伝来<sup>てっぽう</sup>

◎ 1543年，ポルトガル人が種子島<sup>たねがしま</sup>に伝える
　　└鹿児島県

◎ 影響<sup>えいきょう</sup>…戦国大名が注目➡️戦いの勝敗が早

くつく➡️**全国統一を早める**

### (3)キリスト教の伝来

◎ 1549年，**フランシスコ゠ザビエル**が鹿児
　　　　　　└イエズス会の宣教師
島に上陸して伝える➡️各地に布教

◎ 影響…**キリシタン大名**の誕生

## 2 南蛮貿易

### (1)南蛮貿易<sup>なんばん</sup>

◎ **南蛮人（ポルトガル人・スペイン人）**との
貿易

◎ 輸入品<sup>ゆにゅう</sup>…**生糸<sup>きいと</sup>・絹織物，香辛料<sup>こうしんりょう</sup>，鉄
砲・火薬**など

◎ 輸出品<sup>ゆしゅつ</sup>…**主に銀，刀剣<sup>とうけん</sup>，漆器<sup>しっき</sup>**など

### (2)南蛮文化…貿易や布教のためにやっ

てきた南蛮人がもたらした文化➡️医
学・天文学・ローマ字本

▲ **南蛮船の来航**

（神戸市立博物館蔵 Photo:Kobe
City Museum/DNPartcom）

## □ 3│織田信長の統一事業

### (1)織田信長の全国統一への歩み

◎ 1560年，桶狭間の戦いで今川義元を破る
　　　　　　　　　　　　　└ 駿河（静岡県）

◎ 1573年，**室町幕府**を滅ぼす

◎ 1575年，**長篠の戦い**で武田勝頼を破る
　　　　　└ 愛知県　　　　　└ 甲斐（山梨県）

　➡大量の鉄砲を有効に活用

◎ 1576年，琵琶湖東岸に**安土城**を築く
　　　└ 滋賀県

◎ 1582年，**本能寺**の変で自害する
　　　　　　└ 家臣の明智光秀（あけちみつひで）にそむかれる

### (2)織田信長の政策

◎ 安土城下で**楽市・楽座**

◎ 関所を廃止する

◎ 仏教を弾圧し，キリスト

　教を保護する

　・**延暦寺**焼き討ち
　　└ 比叡山（ひえいざん）

　・一向一揆と戦う

> **くわしく**
>
> **楽市・楽座**
> 市場の税を免除し，座の特権を廃止して，誰でも自由に商工業を営めるようにした政策。**織田信長**が安土城下で行ったものが有名。

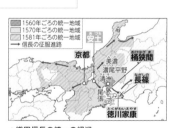

| 凡例 | |
|---|---|
| ■ | 1560年ごろの統一地域 |
| ■ | 1570年ごろの統一地域 |
| ■ | 1581年ごろの統一地域 |
| → | 信長の征服進路 |

安土　桶狭間　京都　美濃　濃尾平野　清洲　長篠　尾張　三河　徳川家康

▲織田信長の統一の経過

---

### ✏ テストの例題チェック

① ポルトガル人が1543年に種子島に伝えたものは何？　　　　　　［　鉄砲　］

② 日本にキリスト教を伝えた人物は誰？　　　　［　フランシスコ＝ザビエル　］

③ ポルトガル人やスペイン人との貿易を何という？　　　　　　　［　南蛮貿易　］

④ 織田信長・徳川家康連合軍が武田氏を破った戦いを何という？
　　　　　　　　　　　　　　　　　　　　　　　　　　　［　長篠の戦い　］

⑤ 市場の税を免除し，座の特権を廃止した政策を何という？　［　楽市・楽座　］

⑥ 織田信長が焼き討ちした寺を何という？　　　　　　［　(比叡山)延暦寺　］

# 26 豊臣秀吉の政策と桃山文化

## ☑ 1 豊臣秀吉の全国統一

◆ **豊臣秀吉**の全国統一
- ◎ 明智光秀をたおす ➡ 信長の後継者に
  └─ 織田信長の家臣
- ◎ **大阪城**を築く … 全国統一の本拠地
- ◎ 1590年, 小田原の**北条氏**をたおして全
  └─ 神奈川県
  国統一を達成
- ◎ 幕府を開かず, 朝廷から**関白**, 翌年太政
  └─ 1585年
  大臣に任命

### ◆ くわしく

**検地の方法**

秀吉は, 検地を行う際ものさしやますを統一して田畑の面積を調べ, 収穫高を石高で表し, 耕地ごとに耕作者を決め, 検地帳に登録した。

## ☑ 2 豊臣秀吉の政策

(1) **太閤検地** … 1582年ごろから全国的に実施
- ◎ 土地ごとに耕作者を**検地帳**に登録 ➡ 土地と農民を支配し**年貢**を徴収 ➡ 荘園制は完全になくなる
- ◎ 農民は**年貢を納める義務**を負う
  └─ 土地の耕作権も認められた
(2) **刀狩** … 1588年から行う
- ◎ 百姓や寺院から武器を没収 ➡ **一揆**を防ぎ, 耕作に専念させる
(3) **兵農分離** … 検地と刀狩で進む
  └─ 武士と農民の身分の区別
(4) **キリスト教の禁止** … 宣教師を追放
(5) **朝鮮侵略** … 明の征服を目指す
- ◎ **文禄の役・慶長の役** ➡ 失敗
  └─ 1592年  └─ 1597年
- ◎ 豊臣氏の没落を早める

一, 諸国の百姓たちが, 刀・脇差・弓・槍・鉄砲その他武具類を持つことをかたく禁止する。

一, 取り上げた刀や脇差などは, 今度建立する大仏のくぎやかすがいにする。

▲ 刀狩令(一部)

▲ 朝鮮侵略

テストでは 豊臣秀吉（とよとみひでよし）の全国統一の経過や政策，桃山文化（ももやま）の主な遺産などについては，まとめて覚えておこう。

## □ 3 | 桃山文化

### (1)特色

◎ **壮大（そうだい）で豪華（ごうか）**…新興大名・大商人中心
◎ 南蛮（なんばん）文化の影響（えいきょう）を受ける

### (2)文化遺産

◎ 建築…**大阪城・姫路城（ひめじ）など**➡雄大な**天守（てんしゅ）**
（閣（かく））➡支配者の権威（けんい）を示す
〔ひときわ高い建物〕

◎ 絵画
 ・濃絵（だみえ）…**狩野永徳（かのうえいとく）・山楽（さんらく）**ら
 ・風俗画（ふうぞく）➡南蛮屏風（びょうぶ）

◎ **わび茶の完成…千利休（せんのりきゅう）**

◎ 芸能…出雲の阿国（いずものおくに）➡かぶき踊り（おど），
〔島根県〕    〔阿国歌舞伎〕
浄瑠璃（じょうるり），小歌

◎ 工芸…有田焼（ありたやき）など
〔佐賀県〕

**参考**

**有田焼（ありたやき）**

日本の代表的な磁器（じき）である有田焼は，朝鮮侵略（ちょうせん）のときに連れてこられた李参平（りさんぺい イ チャムピョン）が，現在の佐賀県有田町で始めたもの。

▲ 姫路城（兵庫県）    （ピクスタ）

---

### ✐ テストの例題チェック

① 豊臣秀吉が全国統一の本拠地にした城は？　　　　　　　[ 大阪城 ]
② 農民が年貢を納める義務を負うことになった秀吉の政策は？ [ 太閤検地 ]
③ 農民から武器を取り上げた秀吉の政策は？　　　　　　　[ 刀狩 ]
④ 刀狩は，農民の何を防ぐためのものか？　　　　　　　　[ 一揆 ]
⑤ 秀吉が２度にわたって侵略したのはどこ？　　　　　　　[ 朝鮮(国) ]
⑥ 姫路城にもみられる，城の中心にそびえる高い建物は何？ [ 天守(閣) ]
⑦ わび茶を完成させたのは誰？　　　　　　　　　　　　　[ 千利休 ]

# 27 江戸幕府の成立

## 1 | 江戸幕府の成立

(1) **関ヶ原の戦い**

◎ 1600年，徳川家康と石田三成らが戦う

◎ 家康が勝って全国支配の実権を握る

(2) **江戸幕府の成立**…1603年，徳川家康が征夷大将軍に任命され，江戸に幕府を開く

(3) 2度の**大阪の陣**で豊臣氏滅亡
　　└── 1614年の冬の陣・1615年の夏の陣

## 2 | 江戸幕府のしくみ

(1) **幕藩体制**…幕府と**藩**（**大名領**）が全国の土地と人民を支配するしくみ

(2) **強い幕府の力**

◎ 将軍の権力…全国の大名と主従関係

◎ 経済力…**全石高の約4分の1の領地**である**幕領**，重要都市・鉱山を直接支配，貨幣の鋳造権を独占
幕府の直接の支配地　京都・大阪・長崎など　諸藩は藩札を発行

◎ 将軍直属の家臣…**旗本・御家人**

(3) **江戸幕府のしくみ**

◎ 中央…**老中，若年寄，三奉行**
将軍が任命　寺社奉行・勘定奉行・町奉行

◎ 地方…**京都所司代**，大阪城代，遠国奉行

### ミス注意

**大名・旗本・御家人**

**大名**…将軍から1万石以上の領地を与えられた武士。領内の支配に強い独立性をもつ。大名の領地とその支配のしくみを，藩という。

**旗本**…将軍に直属する領地が1万石未満の家臣で，将軍に会うことができた者。将軍に会うことができない家臣は御家人という。

▲江戸幕府のしくみ

## □ 3│大名・朝廷の統制

### (1)大名の種類

◎ **親藩**…徳川家の一族，重要地に配置
> 尾張(愛知県)・紀伊(和歌山県)・水戸(茨城県)は御三家と呼ばれた

◎ **譜代大名**…古くからの家臣➡重要地に配置
> 幕府を守る

◎ **外様大名**…関ヶ原の戦いのころから徳川家に従う➡**江戸から遠い地に配置**
> 幕府を攻めることができないように

### (2)**武家諸法度**の制定

◎ 目的…**大名の反抗を防ぐため**

◎ 制限…城の修理・大名の結婚など

◎ **参勤交代**…徳川家光のときに制度化
> 第3代将軍

・大名は1年おきに江戸と領地を往復
> 大名行列

・妻子は人質として江戸に居住

・**出費が多く，大名の経済力を弱めた**
> 往復の費用

### (3)**朝廷の統制**…禁中並公家中諸法度
> 京都所司代が監視(かんし)

---

**くわしく**

**武家諸法度**

武家諸法度は1615年に初めて出され，その後将軍が代わるごとに出された。1635年，徳川家光のときに**参勤交代**を制度化した。

一，大名は領地と江戸に交代で住み，毎年四月中に参勤せよ。

一，新しく城を築いてはならない。城の修理は奉行所に届け出ること。

▲武家諸法度(1635年，一部)

---

## ✍ テストの例題チェック

① 徳川家康と石田三成らの戦いを何という？ [ 関ヶ原の戦い ]

② 江戸幕府を開いた人物は誰？ [ 徳川家康 ]

③ 幕府の直接の支配地を何といっ？ [ 幕領 ]

④ 徳川家の一族の大名を何という？ [ 親藩 ]

⑤ 関ヶ原の戦いのころから徳川家に従った大名を何という？ [ 外様大名 ]

⑥ 大名の反抗を防ぐために定められた法令は何？ [ 武家諸法度 ]

⑦ 大名が1年おきに江戸と領地を往復する制度は？ [ 参勤交代 ]

# 28 江戸時代の社会

## 1 身分制度の確立

**(1)身分の区別** … 人々を**武士・百姓・町人**に
　　└─ 主に農民

　区分➡武士が支配階級

　◎ **目的** … 封建支配の強化のため
　　　　　　ほうけん

**(2)身分上の差別**

　◎ 身分は原則として代々受け継がれる

　◎ 身分・家柄で衣食住に差別

　◎ 結婚は同じ身分の者同士に限る
　　けっこん

　◎ 同じ身分の中にも上下がある

**(3)家族** … 強い家長の力，低い女性の地位

## 2 武士の暮らし

**(1)**百姓や町人の上に立つ**支配階級**

**(2)武士の暮らし**

　◎ **年貢米**や**俸禄米**で生活
　　ねんぐまい　ほうろくまい
　　　　　　└─ 給料として支給される米

　◎ 領内の政治や城の警備などを行う

**(3)特権** … **名字(姓)・帯刀**
　　　　　　みょうじ　たいとう
　　　　　　　　　　　└─ 刀を差すこと

## 3 百姓などの暮らし

**(1)身分**

　◎ 百姓が**年貢**を納め，武士の生活を支える
　　　　　　　└─ 村の自治を利用して取り立てられた

▲ 身分別人口の割合

▲ 村の支配のしくみ

テストでは 武士の特権，百姓の年貢の納入義務，武士の百姓統制などが問われることが多い。

(2)**村のしくみ**…村役人による自治
　◎ 村役人…**庄屋**(名主)・**組頭**・**百姓代**
　◎ **本百姓**…年貢納入の義務を負う
　◎ **水のみ百姓**…土地をもたない小作人
(3)**百姓の統制**
　◎ 触書…年貢を確実に取るために，百姓の日常生活を細かく規制
　◎ **五人組**…年貢の納入，犯罪の防止に連帯責任
(4)**重い税**…収穫高の40～50%の年貢
　　　　　　　　————四公六民，五公五民

## 4 | 町人の暮らし

(1)**町人**…商人と職人➡営業税を納める
(2)**生活**…比較的自由，富を蓄わえる
(3)**町の政治**…町ごとに町役人が選ばれて自治

### くわしく

**五人組**

農家5～6戸一組を原則にして，年貢の納入や犯罪防止に連帯責任を負わせるとともに，互いに監視させた。

一，朝は早起きをして草をかり，昼は田畑の耕作，晩には縄をない，俵をあみ，一心に仕事をしなさい。

一，酒や茶を買って飲んではいけない。

一，雑穀をつくり，米を多く食いつぶさないこと。

▲触書(一部)

## ✎ テストの例題チェック

① さまざまな身分のうち支配階級の身分は何？　　　　　[　武士　]
② 江戸時代，全人口の80%以上を占めた身分は何？　　　[　百姓　]
③ 武士の生活を支えるために百姓が納めていたものは？　[　年貢　]
④ 年貢納入の義務を負った百姓を何という？　　　　　　[　本百姓　]
⑤ 年貢納入や犯罪の防止に連帯責任を負わせたしくみを何という？

　　　　　　　　　　　　　　　　　　　　　　　　　[　五人組　]

# 29 貿易の振興から鎖国へ

## 1 日本人の海外進出

(1) **朱印船貿易**

◎ 徳川家康が大名や豪商に**朱印状**を与えて
すすめる

◎ 西日本の大名や京都・堺・長崎の豪商ら
が東南アジアへ**朱印船**を派遣…ルソン,
安南,カンボジア,シャム
　フィリピン
　ベトナム
　タイ

◎ 日本人が東南アジア各地に移住,**日本町**
を形成…日本人の自治が
行われる➡山田長政
　タイで活躍

(2) **ヨーロッパ諸国との交流**

…ポルトガル・スペイン・オ
ランダ・イギリスが平戸
に商館を開いて貿易
　長崎県

▲朱印船の航路と日本町

**✎ くわしく**

**朱印状**

将軍や大名など,支
配者の朱色の印(朱
印)を押した,渡航
を許可するもの。**朱
印状**がなければ貿易
船を出航させること
はできなかった。

---

**比較** 日明(勘合)貿易・朱印船貿易・鎖国下の貿易

| | 日明(勘合)貿易 | 朱印船貿易 | 鎖国下の貿易 |
|---|---|---|---|
| 時 期 | 1404年〜16世紀半ば | 17世紀初め〜1635年 | 17世紀半ば〜19世紀 |
| 関連人物 | 足利義満 | 徳川家康 | 徳川家光 |
| 貿易の特色 | **勘合**で**倭寇**と区別→**銅銭(明銭)**を輸入 大内・細川氏が実権 堺・博多商人が繁栄 | **朱印状**を発行,東南アジアに進出→**日本町**の誕生 生糸・絹織物を輸入 | **長崎**で**オランダ・中国**とだけ貿易 幕府が貿易の利益を独占 |

## 2 | 鎖国への道

3章

(1) 鎖国への歩み

◎ キリスト教信者の急増…幕府の支配の妨げ

◎ 1612年，**禁教令**…幕領でキリスト教の禁止
  ―― 翌年には全国に

◎ 1635年，海外渡航と帰国の禁止

◎ **島原・天草一揆**…厳しい禁教と重税に百
  ―― 1637年。大将は天草四郎
  姓らが反抗 ➡ 鎮圧後，キリスト教徒発見
  のため**絵踏**を強化

(2) 鎖国の完成

◎ 1639年，**ポルトガル船**の来航禁止

◎ 1641年，**オランダ商館**を，長崎の
  **出島**に移す
  ―― 長崎湾内の人工島

(3) **鎖国下の対外関係**…長崎で**オランダ**・
  **中国**(清)と貿易，**朝鮮通信使**の来日
  ―― キリスト教の布教をしない    ―― 将軍が代わるごとに来日

### くわしく

**四つの窓**
長崎以外に対馬藩を通して朝鮮と，薩摩藩が支配していた琉球を通して中国と交流があった。また，松前藩が支配していた蝦夷地では，アイヌの人々が中国東北部と交易していた。

▲ 開かれていた四つの窓口

---

### 📝 テストの例題チェック

① 朱印状を発行し，東南アジアなどで行った貿易を何という？ [ 朱印船貿易 ]

② 日本人が移住した東南アジア各地にできた町を何という？ [ 日本町 ]

③ 1637年，キリスト教徒への迫害や重税に反抗して九州で起こった一揆は何？
  [ 島原・天草一揆 ]

④ キリスト教徒を発見するために，キリスト像などを踏ませたことを何という？
  [ 絵踏 ]

⑤ 鎖国下で貿易を許されたヨーロッパの国は？ [ オランダ ]

# 30 産業と都市の発達

## 1 | 農業と諸産業の発達

### (1)農業の発達

◎ 幕府や藩が**新田開発**を進める➡米の生産量を増やし、年貢を増やすため

◎ **農業技術**の進歩

・農具の発明・改良…**千歯こき**・**備中ぐわ**
　せんごく 脱穀（だっこく）用　　土を深く耕す
　わ・千石どおし

・肥料…堆肥・干鰯・油かす
　たいひ　　ほしか　　　　　菜種の油かす
　　　　　　　ほしいわし

・**商品作物**の栽培…綿・麻、染料に使う
　　さいばい　　売るためにつくる作物
　あい・紅花、油をとるための菜種など
　あさ　　べにばな

### (2)鉱業…幕府は重要鉱山を直轄➡**貨幣の鋳造**
　　　　　　　ちょっかつ　　かへい　ちゅうぞう
　佐渡金山(新潟県)・石見銀山 (島根県) など

### (3)水産業…魚網の発達➡いわし漁、かつお漁、
　　　　　ぎょもう　　九十九里浜（千葉県）　土佐沖（高知県）
塩田を開く(瀬戸内海)
　　　　　せ と ないかい

## 2 | 商業の発達

### (1)町人の台頭
　　　　　たいとう

◎ **株仲間**…商工業者の**同業者組合**
　かぶなかま
➡税を納めて営業を独占
　　　　　　　　　どくせん

◎ **両替商**…貨幣の交換・為替・貸付、現在
　りょうがえしょう　　こうかん　かわせ　かしつけ
　　　東日本は金、西日本は銀が中心
の銀行のような仕事

### (2)大阪には諸藩の**蔵屋敷**…年貢米や、特産
　　　　　しょはん　くらやしき　ねんぐまい
物を販売
　はんばい

## □ 3 | 都市と交通の発達

(1) **都市の発達**…三都の栄え

◎ **江戸**…「将軍のおひざもと」
└─ 人口100万をこえる（18世紀初め）

◎ 大阪…商業がさかん ➡「**天下の台所**」

◎ 京都…朝廷，西陣織など工芸品の町

(2) **商業や交通の発達**…城下町・宿場町・港

町・門前町などがにぎわう
└─ 寺や神社の門前

(3) **交通の整備**

◎ **五街道**…**東海道・奥州**

**道中・中山道・甲州道**
└─（街道）└─（街道）

**中・日光道中**
└─（街道）

◎ **関所**…交通の要地

◎ **海上交通**… **東廻り航**

**路・西廻り航路**

**参考**

**入り鉄砲に出女**

幕府は，江戸に人質としている大名の妻子が江戸の外に出ることや，江戸に鉄砲を持ち込むことをかたく禁止し，関所で厳しく調べた。

▲ 交通の発達

---

## ✐ テストの例題チェック

① 幕府や藩が，年貢を増やすために進めたことは？　[　新田開発　]

② 土を深く耕すために開発された農具は？　[　備中ぐわ　]

③ 江戸時代の商工業者の同業者組合を何という？　[　株仲間　]

④ 現在の銀行のような仕事をした商人を何という？　[　両替商　]

⑤「天下の台所」と呼ばれた都市はどこ？　[　大阪　]

⑥ 太平洋沿いを通って江戸と京都を結ぶ街道は？　[　東海道　]

⑦ 東北地方と大阪を，日本海を通って結ぶ航路を何という？　[　西廻り航路　]

# 31 享保の改革と元禄文化

## ☑ 1 │ 徳川綱吉と新井白石の政治

(1) **徳川綱吉**(第5代将軍)の政治
- 儒学の中でも**朱子学**を重視
- 貨幣の質を落とす➡**物価上昇**
- 極端な動物愛護令➡**生類憐みの令**

(2) **正徳の治**…**新井白石**の意見を取り入れ，
  └─第6・7代将軍に仕えた儒学者
財政再建が進められる
- 貨幣の質を元に戻す
- **長崎貿易を制限**する

## ☑ 2 │ 元禄文化

(1) **学問の発達**
- 幕府が**朱子学**をすすめる
- 歴史学，**和算**などが発達
  └─徳川光圀 └─関孝和

(2) **元禄文化**…上方の町人が中心
  └─17世紀末～18世紀初め
- 文学・芸能
  - **浮世草子**…**井原西鶴**➡『**世間胸算用**』
  - **俳諧**…**松尾芭蕉**➡『**奥の細道**』
    └─俳句
  - 人形浄瑠璃の脚本…**近松門左衛門**
    └─脚本 └─『曽根崎心中』
  - 歌舞伎…**市川団十郎**・**坂田藤十郎**
    └─いちかわだんじゅうろう └─さかたとうじゅうろう
- 美術
  - 装飾画…**尾形光琳**・**俵屋宗達**
  - **浮世絵**…**菱川師宣**が始める
    └─「見返り美人図」

参考

**長崎貿易制限の理由**
新井白石は，金・銀の海外流出をおさえるため，輸入額を制限し，日本からは海産物や工芸品の輸出をすすめた。

くわしく

**元禄文化の背景**
**元禄**期は徳川綱吉の時代。商業が発達して大商人が力をつけていったことから，大商人が多い，大阪・京都など**上方**が文化の中心となった。

▲「見返り美人図」 (ColBase)

## □ 3 | 享保の改革

(1)**開始**…1716年，第8代将軍**徳川吉宗**

(2)**内容**

- ◎ **財政再建**…**新田開発**，**年貢引き上げ**
  └─ 百姓一揆が増える
- ◎ **倹約令**…武士に質素・倹約命じる
- ◎ **公事方御定書**…裁判の基準
- ◎ **目安箱**の設置…民衆の意見を聞く
- ◎ **上米の制**，才能のある武士の登用
  └─ 足高（たしだか）の制

(3)**実学の奨励**…日常生活に役立つ学問

- ◎ 漢訳洋書の輸入…蘭学の発達へ
- ◎ 甘藷（さつまいも）の栽培の奨励…ききんに備える

(4)**結果**…財政は一時立ち直る ➡ ききんが起こり，百姓一揆や打ちこわしが発生

### くわしく

**公事方御定書**

1742年に吉宗が出した法令。下巻は御定書百箇条と呼ばれ，判例などをもとに刑罰や訴訟に関する内容を規定した。

### くわしく

**上米の制**

大名に，1万石につき100石の米を納めさせ，その代わりに参勤交代で江戸にいる期間を半年に短縮した。

## ✍ テストの例題チェック

① 徳川綱吉が重視したのは儒学のうちの何という学問？　[ 朱子学 ]

② 徳川綱吉が出した極端な動物愛護令は何？　[ 生類憐みの令 ]

③ 俳諧（俳句）の芸術性を高めた人物は誰？　[ 松尾芭蕉 ]

④ 人形浄瑠璃の脚本作家として活躍したのは誰？　[ 近松門左衛門 ]

⑤「見返り美人図」を描いた浮世絵師は誰？　[ 菱川師宣 ]

⑥ 享保の改革を行った将軍は誰？　[ 徳川吉宗 ]

⑦ 裁判の基準を示すために定められた法令は？　[ 公事方御定書 ]

⑧ 民衆の意見を聞くために設置した投書箱は何？　[ 目安箱 ]

# 32 社会の変化と寛政の改革

## 1 | 農村の変化

(1) **農村工業の発達**

- ◎ **問屋制家内工業**…問屋(商人)が資金・原料・道具を貸し，製品を買い取る

- ◎ **工場制手工業**…大商人や地主が人を雇って作業場に集め，分業と協業で生産
  └ マニュファクチュアともいう。灘（兵庫県）の酒など

(2) **農村の変化**

- ◎ **貨幣経済**の広がり➡商品作物の栽培
  ➡自給自足が崩れる

- ◎ **貧富の差**➡地主と小作人に分化

(3) **百姓一揆**…百姓の生活苦➡年貢減免や悪代官交代を要求
  └ ききんのときに多く発生

(4) **打ちこわし**…**都市の貧しい人々**が，米屋や大商人を襲う

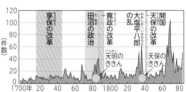

▲百姓一揆の発生件数

### ミス注意

**土一揆と百姓一揆**

農民を中心とした領主などへの反抗で，**室町時代の農民**を中心とした一般の人々は土民と呼ばれたので，当時の農民一揆を**土一揆**という。江戸時代の百姓が起こした一揆を**百姓一揆**という。

## 2 | 田沼意次の政治

(1) 老中**田沼意次の経済政策**…大商人の経済力を利用し，財政の再建を目指す

- ◎ **株仲間**の結成をすすめる
  └ 商工業者の同業組合

- ◎ **長崎貿易**を拡大➡俵物の輸出を奨励
  └ 海産物

(2) **ききんと天災**による社会不安で失脚
  └ 天明のききん          └ 百姓一揆と打ちこわしが増加

### ミス注意

**百姓一揆と打ちこわし**

**百姓一揆**は百姓が幕府や藩に対して起こしたもの，**打ちこわし**は都市の貧しい人々が米屋や大商人を襲ったものである。

## □ 3 | 寛政の改革

(1) **寛政の改革**(1787〜93年) … **老中松平定信**
田沼の後に老中となる

(2) **内容**

　◎ 政治の引き締め

　◎ 質素・倹約をすすめる

　◎ 農村の復興 … **ききんに備え米を貯蔵**
囲い米の制

　◎ **学問の統制** … 幕府の学問所での**朱子学**以外の講義を禁止

　◎ **旗本・御家人救済** … 借金を帳消し

　◎ 海岸防備 … 外国船の来航に備える

(3) **結果** … 厳しすぎて6年で失敗

(4) **蝦夷地** … **アイヌ**の人々とロシアの人々が交易を進める➡幕府は**ロシア**を警戒

### くわしく

**寛政の改革への評価**

庶民は厳しすぎる寛政の改革に失望し，「白河の　清きに魚の　すみかねて　もとの濁りの　田沼恋しき」という狂歌をよむなど批判するようになった。白河とは白河(福島県)藩主だった松平定信の政治，田沼は田沼意次の政治のこと。

---

### ✍ テストの例題チェック

① 大商人や地主が人を雇い，作業場に集めて生産する工業は？
［ 工場制手工業(マニュファクチュア) ］

② 百姓が年貢の減免などを求めて集団で起こしたのは何？ ［ 百姓一揆 ］

③ 都市の貧しい人々が米屋や大商人を襲ったできごとを何という？
［ 打ちこわし ］

④ 田沼意次が結成をすすめた商工業者の同業者組合は何？ ［ 株仲間 ］

⑤ 寛政の改革を行った老中は誰？ ［ 松平定信 ］

⑥ ⑤の老中は，旗本・御家人救済のために何を帳消しにしたか？ ［ 借金 ］

# 33 新しい学問と化政文化

## □ 1 | 教育の普及

(1) 幕府は**昌平坂学問所**，藩は**藩校**で，**朱子**
    **学**を中心に講義
    <small>儒学の一派</small>

(2) **町人**や**百姓**…**寺子屋**➡読み・書き・そろ
    ばん

## □ 2 | 国学と蘭学

(1) **国学**

◎ 意味…**儒学**(儒教)や仏教の**影響**を受ける
    前の日本人の考え方を明らかにする

◎ **本居宣長**…『**古事記伝**』を著し国学を大成
    <small>18世紀半ば</small>

◎ 影響…**尊王論**，**攘夷論**➡幕政批判へ
    <small>外国人を追い払おうとする考え</small>

(2) **蘭学**

◎ 意味…西洋の学問や文化を研究

◎ **前野良沢・杉田玄白**らがオランダ語の医
    学書を**翻訳**➡『**解体新書**』
    <small>人体解剖書</small>

◎ **シーボルト**…オランダ商館の医師，
    **鳴滝塾**で**高野長英**らが学ぶ
    <small>長崎</small>

◎ その他の自然科学者

・**伊能忠敬**…西洋の測量術で，正
    確な日本地図をつくる

・**平賀源内**…**エレキテル**
    <small>摩擦(まさつ)発電器</small>

(3) **新しい思想**…**安藤昌益**など
    <small>封建社会を批判</small>

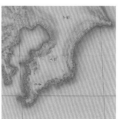

▲ 伊能忠敬の日本地図(部分)
<small>(ColBase)</small>

# 3 | 化政文化

(1) **化政文化**…江戸中心の町人文化
└─ 19世紀初めを中心

(2) **化政文化の内容**

◎ こっけい本…**十返舎一九**➡『**東海道中膝栗毛**』

◎ 読本…**曲亭(滝沢)馬琴**➡『**南総里見八犬伝**』

◎ 俳諧…**小林一茶**・**与謝蕪村**

◎ 狂歌➡**大田南畝**，川柳➡**柄井川柳**

◎ 浮世絵…錦絵と呼ばれる多色刷りの版画

◎ 美人画…**喜多川歌麿**

◎ 風景画➡**歌川(安藤)広重**
└─「東海道五十三次」

・**葛飾北斎**
└─「富嶽三十六景」

◎ 役者絵…**東洲斎写楽**

◎ 文人画➡**渡辺崋山**

(3) **民衆の娯楽**…歌舞伎，寄席

> **くわしく**
>
> **浮世絵の影響**
> 日本の**浮世絵**はヨーロッパの印象派の画家たちに大きな影響を与えた。**ゴッホ**は浮世絵の構図や色彩にみせられ，歌川(安藤)広重の絵を数点模写し，収集もしていた。

▲ 風景画 歌川広重
（東京国立博物館）

▲ 美人画 喜多川歌麿
（ColBase）

## ✐ テストの例題チェック

① 町人や百姓の子どもたちの教育機関を何という？　[ 寺子屋 ]

② 『古事記伝』を著し，国学を大成した人物は誰？　[ 本居宣長 ]

③ 杉田玄白らがオランダ語の人体解剖書を翻訳して出版した書物は？

[ 解体新書 ]

④ 全国を測量し正確な日本地図をつくった人物は？　[ 伊能忠敬 ]

⑤ 『東海道中膝栗毛』を著した人物は誰？　[ 十返舎一九 ]

⑥ 「東海道五十三次」を描いた人物は誰？　[ 歌川(安藤)広重 ]

⑦ 「富嶽三十六景」を描いた人物は誰？　[ 葛飾北斎 ]

# 34 幕府政治の崩れ

## □ 1 外国船の出現

(1) **ロシア船の来航**…根室に**ラクスマン**，

長崎にレザノフ➡通商要求

(2) **幕府の対応**…**鎖国**を理由に拒否

➡**近藤重蔵・間宮林蔵**らが北方探検
<sub>蝦夷地・樺太・千島</sub>

➡蝦夷地を直接支配
<sub>19世紀前半まで</sub>

(3) 幕府は**異国船打払令**を出して鎖国を続け，
<sub>1825年</sub> <sub>うちはらいれい</sub>

沿岸を警備する

(4) **モリソン号事件**…アメリカ船を撃退

(5) **蛮社の獄**…**渡辺崋山・高野長英**を処罰
<sub>蘭学者のグループ</sub> <sub>モリソン号事件を批判</sub>

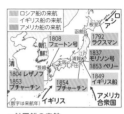

▲外国船の来航

### 参考

**フェートン号事件**

1808年，イギリス
軍艦**フェートン号**が
オランダ国旗をかか
げて長崎港内に不法
侵入し，オランダ商
館員を人質に食料・
水などを強要した。
これをきっかけに幕
府は海防を強化し，
**異国船打払令**を出し
た。

## □ 2 幕政への批判

(1) 背景…ききん，国学・蘭学の発達，外国

船の来航など

(2) **尊王攘夷運動**…天皇を敬い，外国人を撃退
<sub>そんのうじょうい</sub> <sub>てんのう</sub> <sub>うやま</sub>

しようと幕府の政策に反対する動き

**比較** 享保の改革・寛政の改革・天保の改革

| | | | | |
|---|---|---|---|---|
| **享保の改革**<br>とくがわよしむね<br>徳川吉宗 | 1716<br>〜45年 | 幕藩体制の再建 | 新田開発・**公事方御定書**・<br>**目安箱** | 一時的な<br>成果 |
| **寛政の改革**<br>まつだいらさだのぶ<br>松平定信 | 1787<br>〜93年 | | 朱子学以外の講義禁止<br>**旗本・御家人**の借金帳消し | 厳しすぎて<br>失敗 |
| **天保の改革**<br>みずのただくに<br>水野忠邦 | 1841<br>〜43年 | | **株仲間の解散**・**上知令** | ２年あまりで<br>失敗 |

## □ 3 | 天保の改革

**(1)大塩の乱(大塩平八郎の乱)** (1837年)
└もと幕府の役人

◎ **目的**…ききんで苦しむ人々の救済

◎ 大阪で乱を起こす➡幕府に衝撃
└幕府の直接の支配地

◎ 1日で平定➡のち，各地で一揆

**(2)天保の改革**…老中水野忠邦 (1841年)

◎ **倹約**を命じ，**出版や風俗を統制**

◎ 物価引き下げを目的に**株仲間を解散**
└商工業者の同業組合，営業を独占

◎ 人返し令・上知令

◎ アヘン戦争での清の敗北を知り，異国船打払令をやめる

◎ 結果…2年あまりで失敗

**(3)諸藩の改革**

◎ 多くの藩が深刻な財政難

◎ **薩摩藩・長州藩**…専売制などで財政再建
└鹿児島県 └山口県 └さとうなど
に成功➡幕末の**倒幕運動の中心へ**

<くわしく

**人返し令・上知令**

人返し令…農村を立て直し，農村の労働力を確保するために，百姓の都市への出稼ぎを禁止した。また，江戸に出てきている百姓を農村に帰し，農業にはげませた。

上知令…江戸・大阪周辺の大名領や旗本領を幕府の直接の支配地にしようとしたが，大名・旗本らの強い反対にあって失敗した。

### ✎ テストの例題チェック

① 1792年，根室に来航したロシアの使節は誰？　　[ ラクスマン ]

② 幕府が外国船の撃退を命じた法令は？　　[ 異国船打払令 ]

③ 天皇を敬い，外国人を撃退しようとする運動を何という？
　　[ 尊王攘夷運動 ]

④ 貧しい人々の救済のために大阪で乱を起こした人物は誰？ [ 大塩平八郎 ]

⑤ 天保の改革を行った老中は？　　[ 水野忠邦 ]

⑥ 天保の改革では，物価の引き下げを目的に何を解散させたか？ [ 株仲間 ]

| 時代 | 日本 | 世界 |
|---|---|---|

**世界**

1096 <u>十字軍</u>の遠征が始まる

14世紀 <u>ルネサンス</u>が始まる

1492 <u>コロンブス</u>が<u>西インド諸島</u>に到達

1498 <u>バスコ = ダ = ガマ</u>が<u>インド航路</u>を開拓

1517 <u>ルター</u>が宗教改革を始める

1522 <u>マゼラン</u>の船隊が世界一周を達成

1534 <u>イエズス会</u>の結成

**時代・日本**

室町時代　戦国時代

1543 <u>種子島</u>に<u>鉄砲</u>が伝来する

1549 <u>ザビエル</u>が<u>キリスト教</u>を伝える

1560 <u>織田信長</u>が<u>桶狭間の戦い</u>に勝利

1573 織田信長が<u>室町幕府</u>を滅ぼす

1575 <u>長篠の戦い</u>が起こる

　　── 鉄砲を活用した戦い

1582 <u>本能寺</u>の変が起こる

　　<u>豊臣秀吉</u>が<u>太閤検地</u>を始める ─┐
　　　　　　　　　　　　　　　　　　　├ **兵農分離**
1588 豊臣秀吉が<u>刀狩令</u>を出す ──────┘

1590 豊臣秀吉が全国を統一する

1592 <u>文禄の役</u>が起こる ─┐
　　　　　　　　　　　　├
1597 <u>慶長の役</u>が起こる ─┘

　　豊臣秀吉による<u>朝鮮侵略</u>

安土桃山時代

82

# ▶▶ 3章の時代のまとめ年表

| 時代 | 日本 |
|---|---|
| | |

| 時代 | | 日本 | |
|---|---|---|---|
| | 1600 | 関ヶ原の戦いが起こる | |
| | 1603 | 徳川家康が征夷大将軍に任命される → | 江戸幕府が成立 |
| | 1615 | 武家諸法度が定められる | |
| | 1635 | 徳川家光が参勤交代を制度化する | |
| | 1637 | 島原・天草一揆が起こる | |
| | 1641 | オランダ商館を出島に移す | 鎖国の体制が固まる |
| | 1685 | 生類憐みの令が定められる | |
| | | ── 徳川綱吉の政治 | |
| 江戸時代 | 1716 | 享保の改革が始まる（～1745） | 17世紀末から18世紀初め |
| | | ── 徳川吉宗による政治<br>（公事方御定書, 目安箱の設置） | 元禄文化が栄える |
| | 1772 | 田沼意次の政治<br>（株仲間推奨, 長崎貿易の拡大） | |
| | 1787 | 寛政の改革が始まる（～1793） | |
| | | ── 松平定信による政治<br>（旗本・御家人の借金を帳<br>消しし, 朱子学以外の禁止） | |
| | 1792 | ラクスマンが来航 | 19世紀前半 |
| | 1825 | 異国船打払令が出される | 化政文化が栄える |
| | 1837 | 大塩の乱（大塩平八郎の乱）が起こる | |
| | 1841 | 天保の改革が始まる（～1843） | |
| | | ── 水野忠邦による政治<br>（株仲間を解散, 出版統制） | |

# 35 絶対王政と市民革命

## 1 絶対王政

(1)**絶対王政**…**国王が絶対的な権力で支配**

◎ 時期…16～18世紀のヨーロッパ

◎ 絶対王政の特色

・軍隊や役人の制度を整える

・教会や貴族，議会の力を抑える

(2)**イギリスの絶対王政**…**女王エリザベス1世のとき全盛**➡スペインの無敵艦隊を破り海外発展の土台を築く

(3)**フランスの絶対王政**…国王ルイ14世のとき確立➡ベルサイユ宮殿中心の宮廷文化

(4)その他の国々の絶対王政…ロシア→17世紀末，ドイツ➡18世紀半ばに確立

▲エリザベス1世
（PPS通信社）

## 2 市民革命

(1)**市民革命**…農民・商工業者などの市民階級が支配する側の人々（王など）を倒した革命

(2)**時期**…17～18世紀のイギリス・フランスなどで起こる

(3)**意義**…**議会政治**が生まれ，**近代民主政治**が始まる

---

参考
**絶対王政**

国王が国家の統一を進め，教会・議会・貴族・市民を従えて強い権力をもつ政治体制を絶対王政という。

くわしく
**無敵艦隊**

130隻からなるスペインの艦隊。エリザベス1世の時代にイギリス海軍に敗れ，大航海時代以来握っていた制海権を失うきっかけとなった。

参考
**政治体制**

**立憲君主制**…議会があり，君主（王や皇帝）などの権力が憲法などによって制限を受ける政治体制。

**共和政**…主権がある国民が政治を行う体制。

## □ 3│イギリスの革命

### (1)背景

◎ 市民階級の成長

◎ 国王の専制政治➡**議会を無視**し重税

### (2)**ピューリタン革命**（17世紀半ば）
└─ プロテスタントの清教徒（ピューリタン）が中心

◎ 国王と議会の対立➡内乱へ

◎ クロムウェルが指導➡**議会派が勝利**

◎ 結果…国王を処刑，王政から**共和政**

### (3)**名誉革命**（1688～89年）
└─ 無血革命なのでこういわれる

◎ 背景…王政復活➡国王が専制政治
　　　　└─ 1660年

◎ 議会が国王追放➡新国王を迎える
　　　　　　　　　└─ オランダから

◎ **権利（の）章典**を議会が制定，国王が
　　　　└─ 1689年
認める➡**立憲君主制**と**議会政治が確
立**
└─ こののち，議院内閣制が確立

・国民の自由と権利を保障

#### 参 考

**議院内閣制**

議会で多数を占める政党が内閣を組織し，内閣は議会に対して責任を負うしくみ。責任内閣制ともいい，18世紀初めに**イギリス**で確立した。

1. 議会の同意なしに国王が法律を制定したり，廃止したりすることはできない。

2. 議会の同意なしに課税することはできない。

△権利（の）章典（一部）

---

### ✎ テ ス ト の 例 題 チ ェ ッ ク

① 国王が強力な権力で行った専制政治を何という？　　　[　絶対王政　]

② 市民階級が支配する側の人々を倒したできごとを何という？「　市民革命　]

③ クロムウェルが指導して，議会派が勝利した革命を何という？

[　ピューリタン革命　]

④ ③で王政から変わった体制は？　　　　　　　　　　　[　共和政　]

⑤ 権利章典は何という革命のときに出された？　　　　　[　名誉革命　]

# 36 アメリカの独立とフランス革命

## 1 アメリカの独立革命

(1) **13の植民地**…イギリスが北アメリカの東海岸に18世紀半ばまでにつくる➡イギリスが植民地を圧迫

◎ イギリスが新たな課税➡植民地側による反対運動➡ボストン茶会事件
〔独立戦争のきっかけ〕

(2) **アメリカの独立戦争**(1775〜83年)

◎ **ワシントン**が最高司令官

◎ 1776年、**独立宣言**を発表…自由・平等、圧政への**抵抗権**を唱える

(3) **アメリカ合衆国の成立**

◎ 合衆国憲法の制定(1787年)…人民主権、**三権分立**など

◎ 初代大統領に**ワシントン**

> われわれは、自明の真理として、すべての人々は平等につくられ、一定の奪いがたい生まれながらの権利を与えられ、その中に、生命・自由および幸福の追求が含まれていることを信ずる。

◤独立宣言(一部要約)

### 参考
**植民地側の主張**
植民地側は「代表なくして課税なし」(イギリス議会に代表を送る権利がないので納税の義務はない)と唱えて反対運動を始めた。

## 2 啓蒙思想の広がり

(1) **啓蒙思想**…国王の権力の制限と人民の政治参加を唱える➡市民革命を後押し

(2) **思想家とその主張**

◎ **ロック**…**社会契約説**と抵抗権
〔イギリス〕

◎ **モンテスキュー**…『法の精神』➡**三権分立**を主張
〔フランス人〕

◎ **ルソー**…『社会契約論』➡**人民主権**
〔フランス人〕

### くわしく
**ロックの抵抗権**
社会はそもそも個人の契約で成り立つ(社会契約説)ことから、権力者の権力は個人のものではない。人民には、自由と平等の権利を侵す政府に対して**抵抗する権利(抵抗権)**があると主張した。

## ☑ 3│フランス革命

### (1)革命前のフランス

◎ 3つの身分…国王のもと，第一身分(聖職者)・第二身分(貴族)・第三身分(平民)
└─特権をもつ

◎第三身分…重税に苦しむ

### (2)フランス革命

◎1789年，国王が国民議会を弾圧➡
└─平民議員による

都市の民衆や農民らが革命を起こす
└─バスチーユ牢獄(ろうごく)を襲撃

◎国民議会が人権宣言を発表➡自由・平等・国民主権などを唱える

◎国王を退位させ，共和政が成立
➡徴兵制により軍事力を強化

### (3)ナポレオンの支配…民法を制定，皇
└─1815年まで      └─ナポレオン法典

帝となる➡ヨーロッパ諸国を征服➡各国に革命の思想が広まる

---

**ミス注意**

**フランス革命のころの日本**

フランス革命が起こったころ，日本では，老中の松平定信が寛政の改革(1787〜93年)を行っていた。

第1条　人は生まれながらにして自由・平等の権利をもっている。

第3条　あらゆる主権の源は，本来国民の中にある(主権は国民にある)。

人権宣言(一部要約)

---

## 📝 テストの例題チェック

① アメリカ独立戦争で植民地軍の最高司令官となった人物は誰？
[　ワシントン　]

② アメリカの独立戦争で出された宣言を何という？[　(アメリカ)独立宣言　]

③『法の精神』で三権分立を主張した人物は誰？　[　モンテスキュー　]

④ パリ市民がバスチーユ牢獄を襲ったことがきっかけとなって起こった革命を何という？
[　フランス革命　]

⑤ フランス革命のときに出された宣言は何？　　　[　人権宣言　]

⑥ フランス革命ののち1804年にフランスの皇帝になった人物は誰？[　ナポレオン　]

# 37 産業革命と欧米諸国の発展

## 1 産業革命

(1) **産業革命**…技術の向上によって社会や経済のしくみが大きく変化したこと

(2) 18世紀後半，**イギリス**で始まる

◎ 紡績機・織機などの発明があいつぐ

◎ 18世紀，**蒸気機関**で動く機械の利用が始まる➡綿織物を工場で安く大量生産

(3) 進展

◎ **軽工業**から**重工業**の発展へ

◎ 蒸気機関車の発明➡交通網の発達

(5) 19世紀半ば，イギリスは「**世界の工場**」と呼ばれる➡19世紀にヨーロッパ諸国へ

▲初期の蒸気機関車
(SPL／PPS通信社)

## 2 資本主義社会

(1) **資本主義の成立**

◎ 機械や工場をもつ**資本家**が**労働者**を雇って，利益を目指して生産や販売をする経済の仕組み

(2) **社会問題の発生**

◎ 資本家と労働者の間の格差

◎ 低賃金，長時間労働など➡**労働組合**結成

(3) **社会主義**…**マルクス**の著作などで広まる

参考

**イギリスで産業革命が始まった理由**

イギリスには，豊かな資本，広い市場，豊富な地下資源があり，市民革命により**近代市民社会**が成立し，経済活動が自由で活発だった。

くわしく

**社会主義**

資本主義によって生じた格差や貧困を解決するため，労働者を中心とした平等な社会をつくろうとする思想。

## 3 欧米諸国の発展

(1) **イギリス**（19世紀後半）

◎ 選挙法改正…労働者が選挙権獲得

◎ 政党（議会）政治が発達
┗━二大政党政治

(2) **フランス**

◎ ナポレオンの退位後に王政 ➡ 2度の革命 ➡ 再び共和政 ➡ **普通選挙**が確立
┗━七月革命・二月革命

(3) **ドイツ**…1871年，ドイツ帝国成立
┗━ビスマルクが指導

(4) **アメリカ**

◎ 1861年，**南北戦争**開戦 ➡ 大統領の**リンカン**が**奴隷解放宣言** ➡ 北部の勝利

◎ 国民的統一が固まり，資本主義大国として急成長

**参考**

**南部と北部の対立**

アメリカの南部は綿花栽培が中心でその労働に**奴隷**を使い，**自由貿易・地方分権**を主張し，北部は**商工業が発達**していて奴隷の必要がなく，**保護貿易・中央集権**を主張し激しく対立していた。

▲リンカン
（憲政記念館）

---

**✎ テストの例題チェック**

① 工場での機械生産などの技術の向上による，社会や経済のしくみの大きな変化を何という？ 　　　　　　[ 産業革命 ]

② 18世紀後半に産業革命が始まった国はどこか？ 　　　　[ イギリス ]

③ 資本主義によって格差や貧困が生じる中で芽生えた，労働者を中心とする平等な社会を目指そうとする考えを何という？ 　　　[ 社会主義 ]

④ 1861年，アメリカ合衆国の南北間で起こった内戦は？ 　　[ 南北戦争 ]

⑤ ④の内戦のときの大統領は誰？ 　　　　　　　　　[ リンカン ]

# 38 欧米諸国のアジア侵略

## ☑ 1 アヘン戦争と太平天国

(1) **イギリスの三角貿易**…清・インドとの間

(2) **アヘン戦争**（1840〜42年）

◎ 経緯…清がアヘンの密輸を禁止し，イギ
    └─ ケシの実からつくられる麻薬
リス商人から没収➡開戦

◎ 結果…イギリスが戦争を起こし,清を破る

(3) **南京条約**を結ぶ

◎ 清が**香港**を譲り，5港を開く

◎ 多額の賠償金を支払う

◎ 翌年，イギリスに領事裁判権を認め，清
に関税自主権のない不平
等条約を結ぶ

(4) **太平天国の乱**（1851〜64年）
    └─ 指導者は洪秀全（こうしゅうぜん）
◎ アヘン戦争の賠償金のた
めの重税などに苦しむ農
民らが起こす➡外国軍の
協力で清が鎮圧

▲ アヘン戦争と太平天国

## ☑ 2 東南アジアの植民地化

(1) **イギリス**…マレー半島，ビルマに進出

(2) **フランス**…19世紀後半，インドシナに進
    └─ ベトナム・カンボジアなど
出➡フランス領インドシナ連邦成立

(3) **オランダ**…インドネシアに進出

> **くわしく**
>
> **三角貿易**
>
> イギリスがインド産
> のアヘンを清に密輸
> したため，清の銀が
> インドを経由してイ
> ギリスに流出した。
>
>

> **参考**
>
> **香港**
>
> 南京条約でイギリス
> 領となった香港はそ
> の後大きく発展し，
> 1997年に**中国に返
> 還**された。

## □ 3│インドの植民地化

(1) **インド**

◎ 16世紀前半，**ムガル帝国**建国
└─ イスラム教の国

◎ 綿織物を世界各地に輸出

(2) **イギリスのインド支配**

◎ 東インド会社を設立して進出➡18世紀後半から**植民地化**

◎ イギリスの綿織物流入➡インドの**綿工業**が大打撃

(3) **インド大反乱**（1857〜59年）

◎ インド人兵士による反乱

◎ ムガル帝国が滅ぼされる

◎ 1877年，イギリス領**インド**
イギリス国王が皇帝を兼ねる─
**帝国**成立

**くわしく**

**インド帝国**

**インド帝国**を成立させたイギリスは，インドを直接支配下に置き，世界に広がる植民地支配の拠点とした。

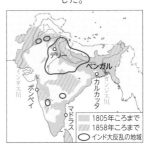

▲イギリスのインド支配

## テストの例題チェック

① 19世紀前半，イギリス・清・インドの間で行われた貿易は？［ **三角貿易** ］

② イギリスによる清へのアヘンの密輸が原因で起こった戦争は？
［ **アヘン戦争** ］

③ アヘン戦争の講和条約を何という？［ **南京条約** ］

④ 清がアヘン戦争の費用や賠償金のために課した重税に苦しむ農民らが，洪秀全を指導者として起こした反乱を何という？［ **太平天国の乱** ］

⑤ 1857年，インドで起こったイギリスへの反乱を何という？
［ **インド大反乱** ］

# 39 開国と不平等条約

## ☑ 1│日本の開国

### (1)ペリーの来航

- 1853年，**浦賀**に来航➡開国要求
  - <small>うらが アメリカ合衆国の使節</small>
  - <small>神奈川県</small>
- 幕府…朝廷に報告，大名らに意見を聞く
  - ➡朝廷・大名の発言権が強まる

### (2)1854年，再び来航したペリーと**日米和親条約**を結ぶ➡**下田・函館**の2港開港➡200年余り続いた鎖国体制が崩れ，日本は**開国**
  - <small>静岡県 北海道</small>

### (3)1858年，**日米修好通商条約**を結ぶ…大老**井伊直弼**が，朝廷の許可を得ないまま結ぶ
  - <small>い い なおすけ</small>
- 5港開港＝**函館・神奈川・長崎・新潟・兵庫**
  - <small>下田は閉鎖 横浜 神戸</small>
- 日本に不平等な内容…**領事裁判権**をアメリカに認め，**日本に関税自主権がない**
  - <small>りょうじ さいばんけん</small>
- オランダ・ロシア・イギリス・フランスとも同様の条約を結ぶ

▲ ペリーの船を警戒する武士たち
<small>（東京大学史料編纂所）</small>

**日米修好通商条約で開港の5港**
函館（両方の条約）で開港
新潟
兵庫（神戸）
神奈川（横浜）
**日米和親条約で開港の2港**
長崎
下田
（下田は，日米修好通商条約の締結で閉鎖）

▲ 二つの条約による開港地

## 2│開国の影響

### (1)貿易の開始

最大の貿易港は横浜，最大の貿易相手国はイギリス

◎ 輸入品…毛織物・綿織物・武器

◎ 輸出品…生糸・茶

◎ **物価上昇**…商人の買い占め，幕府が小判の質を落とす➡生活苦が進み，社会不安が広がる

◎ 通商条約に対する批判が高まる➡**尊王攘夷運動**がさかんに

天皇を尊び，外国勢力を排除する動き

### (2)**安政の大獄**(1858～59年)…大老**井伊直弼**が幕府の政策に反対する大名・公家を処罰，吉田松陰らを処刑

### (3)**桜田門外の変**(1860年)…**安政の大獄**に反発した水戸藩の浪士らが，井伊直弼を暗殺

茨城県

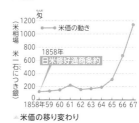

▲米価の移り変わり

#### ⚡ ミス注意
**吉田松陰**

長州藩(山口県)出身の思想家。**松下村塾**で教え，幕末から明治維新のころに活躍した木戸孝允・高杉晋作らを育てた。幕府政治を批判したため，処刑された。

---

### ✎ テストの例題チェック

① 日米和親条約を結んだアメリカの使節は誰？　　　　　　　[　ペリー　]

② 日米和親条約で開かれた港は下田とどこ？　　　　　　　　[　函館　]

③ 日米修好通商条約で日本になかった，貿易に関する権利は何？

[　関税自主権　]

④ 日米修好通商条約で開かれた港のうち，九州地方の港は？

[　長崎　]

⑤ 安政の大獄で処刑された長州藩出身の人物は誰？　　　　　[　吉田松陰　]

⑥ 桜田門外で暗殺された幕府の大老は誰？　　　　　　　　　[　井伊直弼　]

# 40 江戸幕府の滅亡

## ☑ 1 薩摩藩と長州藩の動き

(1) **薩摩藩**(鹿児島県)

◎ 薩摩藩士がイギリス人を殺傷
└── 1862年, 生麦事件

◎ 翌年イギリスが報復 ➡ **薩英戦争**
└── 1863年

…イギリス海軍が鹿児島を攻撃

(2) **長州藩**(山口県)

◎ 1863年, 関門海峡を通る外国船を砲撃 ➡ 攘夷の実行

◎ 1864年, 報復として四か国連合艦隊が下関砲台を占領(下関戦争)
└── アメリカ・イギリス・フランス・オランダ

(3) 薩摩・長州両藩は攘夷の不可能を知る

## ☑ 2 攘夷から倒幕へ

(1) 幕府が長州藩を攻撃 ➡ 長州藩降伏

(2) **薩摩藩・長州藩**…下級武士が中心となり, 軍備を強化 ➡ イギリスに接近

◎ 薩摩藩… **西郷隆盛**, **大久保利通**ら

◎ 長州藩… **木戸孝允**, 高杉晋作ら

(3) **薩長同盟**(1866年)…薩摩藩と長州藩が**坂本龍馬**らの仲立ちで軍事同盟 ➡ 幕府と対
└── 土佐藩(高知県)出身

決する姿勢を強める

(4) 再び幕府が長州藩を攻撃 ➡ 失敗 ➡ 幕府の威信は低下

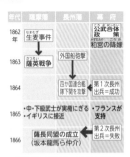

| 年代 | 薩摩藩 | 長州藩 | 幕府 |
|---|---|---|---|
| 1862年 | 生麦事件 | | 公武合体政策 和宮の降嫁 |
| 1863 | 薩英戦争 | 外国船砲撃 | |
| 1864 | | 四か国連合艦隊下関を攻撃 | 第1次長州出兵=成功 |
| 1865 | ・中・下級武士が実権をにぎる ・イギリスに接近 | | ・フランスが支持 |
| 1866 | 薩長同盟の成立 (坂本龍馬ら仲介) | | 第2次長州出兵=失敗 |

▲ 薩摩藩・長州藩・幕府の動き

### 💬 参考

**フランスの動き**

攘夷が不可能だと知った薩摩藩・長州藩が**イギリス**に接近して軍備を強化すると, イギリスを出し抜いて市場を広げようとしていた**フランス**は, **幕府に接近**し, 幕府を援助して貿易の独占をはかろうとした。

## 3 | 江戸幕府の滅亡

(1) **社会不安の高まり**…世直しへの期待 ➡ ええじゃないかの騒ぎ，一揆・打ちこわし └ 集団で踊（おど）り歩く騒ぎ ┘

(2) **江戸幕府の滅亡**

◎ **大政奉還**…1867年10月，第15代将軍徳川慶喜が朝廷に政権を返上

◎ **王政復古の大号令**…1867年12月，天皇を中心とする新しい政府の樹立を宣言

◎ 約260年間続いた**江戸幕府の滅亡**，武家政治の終わり └ 鎌倉幕府以来，約700年間 ┘

(3) **戊辰戦争**（1868〜69年）

◎ 旧幕府軍と新政府軍の戦い

◎ 新政府軍が勝利 ➡ 国内を統一

### 参考

**江戸幕府の終わり**
徳川慶喜は**大政奉還**のあと，新政府でも中心的な役割をはたそうとしたが，王政復古の大号令で失敗に終わった。

▲ 戊辰戦争の展開

---

## ✐ テストの例題チェック

① イギリスが生麦事件の報復で起こした戦争は？ 　[ 薩英戦争 ]

② 薩摩藩の中心となったのは大久保利通と誰？ 　[ 西郷隆盛 ]

③ 坂本龍馬らの仲介で薩摩藩と長州藩が結んだ軍事同盟を何という？

　[ 薩長同盟 ]

④ 幕府が朝廷に政権を返上したできごとは何？ 　[ 大政奉還 ]

⑤ 大政奉還を行った江戸幕府最後の将軍は誰？ 　[ 徳川慶喜 ]

⑥ 天皇を中心とする政府の樹立を宣言したものは何？ [ 王政復古の大号令 ]

⑦ 旧幕府軍と新政府軍の戦いを何という？ 　[ 戊辰戦争 ]

# 41 明治維新

## ☑ 1 | 新政府の成立

(1) **五箇条の御誓文**…1868年，新政府が示した新しい政治の基本方針

(2) **五榜の掲示**…民衆の守るべきことを5枚の高札で示す

(3) 元号(年号)を**明治**とする…一世一元の制
　　└立て札で

(4) **東京遷都**…江戸を**東京**と改称
　　└天皇が東京に移る　　└新しい首都

▲五箇条の御誓文(一部)

一、広ク会議ヲ興シ万機公論ニ決スヘシ

一、上下心ヲ一ニシテ盛ニ経綸ヲ行フヘシ

一、智識ヲ世界ニ求メ大ニ皇基ヲ振起スヘシ

## ☑ 2 | 中央集権国家の成立

(1) **版籍奉還**…1869年，藩主が土地と人民を政府に返す➡藩政はもとの藩主が行う
　　└版　└籍　　　　　　　　　　　└藩政

(2) **廃藩置県**
　◎ 1871年，藩を廃止して，府と県を置く
　　　　　　└廃止
　◎ 中央から府知事・**県令**を派遣
　　　　　　　└県令　└派遣
　◎ 意義…中央集権国家の基礎が固まる

(3) **身分制度の廃止**
　◎ 江戸時代の身分制度を廃止
　◎ 新しい身分制度…**皇族・華族・士族・平民**➡皇族以外は平等(四民平等)
　　└天皇の一族 └もとの公家・大名 └武士
　　└百姓・町人かいほうれい
　◎ 1871年に**解放令**…えた身分・ひにん身分を平民に➡差別は残る
　　　　　└賤称廃止令
　◎ 平民の名字・職業・居住・結婚などが自由になる

### 参考

**五榜の掲示**

五箇条の御誓文と同時に，民衆が守るべきことがらとして示された。殺人・放火・盗みの禁止，キリスト教の禁止など，**江戸幕府以来の政策を引き継いだ内容**だった。

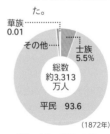

華族……0.01

その他……

士族 5.5%

総数約3,313万人

平民 93.6

(1872年)

▲華族・士族・平民の割合

## 3 | 新政府の外交

(1) 1871年，**岩倉使節団**を欧米に派遣
　　└ 全権大使は岩倉具視

　◎目的の不平等条約の改正交渉は失敗
　　　└ 日本の近代化が不十分という理由で

　◎欧米の視察に重点を移し，国力の充実の
　　必要性を痛感

(2) **清との国交**…1871年，**日清修好条規**
　　　　　　　　　　　└ 日本と清が対等

(3) **朝鮮との国交**

　◎政府内で**征韓論**が高まる

　◎**江華島事件**➡**日朝修好条規**を結び武力で
　　カンファド　　　　└ 1876年，朝鮮にとって不平等
　　開国させる

(4) 領土の画定

　◎**樺太・千島交換条約**…樺太をロシ
　　からふと　ちしまこうかん　└ 1875年
　　ア領，千島列島を日本領
　　サハリン

　◎蝦夷地…**北海道**と改称，**開拓使**，
　　えぞち　　　　かいしょう
　　**屯田兵**の派遣，アイヌの人々を圧迫
　　りゅうきゅうしょぶん　　　　おきなわけん

　◎**琉球処分**…琉球を**沖縄県**とする

> **くわしく**
>
> **征韓論**
>
> 朝鮮を武力で開国さ
> せようという主張。
> この主張に対して，
> 大久保利通らが反対
> し，西郷隆盛らは政
> 府を去った。

1875年・樺太・千島交換条約で交換
1876年・日朝修好条規で進出
1879年・琉球藩を廃止して沖縄県とする
1874年・台湾出兵
1876年・領有宣言

明治時代初期の国境と外交

---

### ✏ テストの例題チェック

① 明治新政府が示した政治の基本方針を何という？　［　五箇条の御誓文　］

② 藩を廃止して府と県を置いた政策を何という？　［　廃藩置県　］

③ 身分制度が廃止され，武士は何と呼ばれるようになったか？　［　士族　］

④ 1875年にロシアと結んだ条約は？　［　樺太・千島交換条約　］

⑤ 1871年，欧米に派遣された使節団の全権大使は誰？　［　岩倉具視　］

⑥ 日本が朝鮮と結んだ，朝鮮にとって不平等な条約は？　［　日朝修好条規　］

# 42 富国強兵と殖産興業

## □ 1│富国強兵

(1)**富国強兵**…経済を発展させて国力をつけ，軍隊を強くすることを目指す政策

(2)**学制**(1872年)…近代的な学校制度の基本
- ◎ **満6歳**になった男女を小学校へ
- ◎ 就学率はなかなか上がらなかった

(3)**地租改正**…1873年から実施
- ◎ **地券**…土地の所有者(地主)へ発行
  └─ 所有者・面積・地価などを記す
- ◎ 土地所有者に**地価**の**3%**を**現金**で納めさせる➡収穫高によらず一定の金額
  └─ 土地の値段
- ◎ 結果…政府の税収が安定➡地租改正反対一揆➡地租を2.5%に引き下げ
  └─ 1877年

(4)**徴兵令**…1873年
- ◎ **満20歳**以上の**男子**に兵役の義務
- ◎ 近代的な軍隊制度が整う
- ◎ 当初は，多くの**免除**規定があった
  └─ 実際に兵役に就いたのは平民の二男・三男
- ◎ 徴兵令反対一揆が起こる

▲ 地券

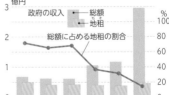

▲ 政府の収入と地租の割合の移り変わり

## 2 | 殖産興業

(1)**殖産興業政策**…明治政府が，欧米の知識や技術を取り入れて**近代産業の育成**を目指す

(2)**通信**…電信開通，**郵便制度**

(3)**鉄道**…新橋－横浜間に初めて開通

(4)**官営模範工場**…**富岡製糸場**など
　　　　　　　　　　　　└群馬県

(5)**貨幣制度**…円・銭・厘を単位とする
　　10進法を取り入れる┘

## 3 | 文明開化

(1)**文明開化**…欧米文化の普及で生活が変化
　　　　└横浜・神戸などの開港地・東京などの大都市中心

(2)**内容**…れんが造りの建物，ガス灯，人力車，洋服や肉食の普及，**太陽暦**など

(3)**近代思想の紹介**…**福沢諭吉**『**学問のすゝめ**』，中江兆民ら
　　　　　　　　　　└人間の平等を説く
　　　　　　　　　　　　　　└ルソーの思想を紹介

### くわしく

**官営模範工場**

政府が直接経営した工場を**官営模範工場**という。政府は国を富ませるために**生糸・綿織物**などの工場や，製鉄所，鉱山などを経営した。富岡製糸場は，当時大蔵省の役人だった渋沢栄一が設立に関わった。

▲ 明治時代中ごろの東京銀座通り
（個人蔵）

---

### 📝 テストの例題チェック

① 近代的な学校制度の基本を定めた法令は何？　　　　　　　　　［ 学制 ］

② 土地所有者に地価の３％を現金で納めさせた政策を何という？

　　　　　　　　　　　　　　　　　　　　　　　　　　　　［ 地租改正 ］

③ 満20歳以上の男子に兵役の義務を負わせた法令は？　　　　　［ 徴兵令 ］

④ 政府が経営した工場を何という？　　　　　　　　　　　　［ 官営模範工場 ］

⑤ 群馬県に建設された④は？　　　　　　　　　　　　　　　［ 富岡製糸場 ］

⑥ 日本の暦は太陰暦から何に変わった？　　　　　　　　　　　［ 太陽暦 ］

⑦ 『学問のすゝめ』を著した人物は誰？　　　　　　　　　　　［ 福沢諭吉 ］

# 43 立憲制国家の成立

## 1│士族の反乱

(1)**士族の不満**…特権を奪われ，俸禄
も廃止➡各地で反乱を起こす

(2)**西南戦争**

◎ 1877年，**西郷隆盛**を中心に鹿児
島の不平士族が起こす➡敗れる
　　徴兵制による新しい軍隊が鎮圧

◎ 以後，政府批判は言論中心に

▲ 主な士族の反乱

## 2│自由民権運動

(1)**自由民権運動**…藩閥政府に反対，国会を
　　　　　　　　薩摩藩・長州藩などの出身者による専制的な政治
開き国民の政治参加を目指す

(2)**始まり**…**板垣退助**らが**民撰議院設立の建白**
　　　　　　　　　　　　　国会　　　　意見書
**書**を提出

(3)**運動の展開**

◎ 1880年，**国会期成同盟**結成➡民間でさ
　　　　　　　　国会開設を求める
まざまな憲法草案が作成される

◎ 1881年，**開拓使官有物払下げ事件**

◎ **国会開設の勅諭**…10年後の国会開
　　　1881年　　　　　　1890年
設を約束

◎ 政党の結成…**板垣退助**らが**自由党**，
　　　　　　　　　　　　　　　1881年
**大隈重信**らが**立憲改進党**
　　　　　　　1882年　　　　　　　おとろ

(4)**激化**…**秩父事件**など➡運動の衰え
　　　　　　埼玉県

▲ 自由民権運動の演説会
（東京大学法学部明治新聞雑誌文庫）

100

## 3 | 立憲制国家の成立

(1)**憲法草案**…**伊藤博文**らがドイツ憲法を手本に作成
　　└ 憲法調査のため，ヨーロッパへ →
　　　　　　　　　　　　└ 君主権が強い

(2)**内閣制度**…1885年，伊藤博文が初代**内閣総理大臣**(首相)となる

(3)**大日本帝国憲法**…1889年に発布
　◎天皇…国の元首として統治(天皇主権)
　　　　　└ 天皇が国民に与える形

(4)**帝国議会**の開催
　◎**貴族院**…皇族・華族・天皇が任命した者
　◎**衆議院**…直接国税15円以上を納める満
　　　　　　└ 地租と所得税
　　**25歳以上の男子**に選挙権
　◎初期議会…民党(野党)の議員が多数
　　　　　　└ 自由民権運動の流れをくむ政党
　◎日本はアジア初の近代的な立憲制国家に

(5)**教育勅語**…学校教育と国民道徳の基本
　　　　└ 1890年

---

第一条　大日本帝国ハ万世一系ノ天皇之ヲ統治ス

第三条　天皇ハ神聖ニシテ侵スヘカラス

第十一条　天皇ハ陸海軍ヲ統帥ス

▲大日本帝国憲法(一部)

**くわしく**

**ドイツ憲法を手本にした理由**

ドイツ(プロイセン)憲法は君主権が強く，専制的な性格をもっていたため，天皇主権を目指す日本の憲法に都合がよかった。

---

### テストの例題チェック

① 西南戦争の中心となった人物は誰？ 　　　　　　　　　[ 西郷隆盛 ]

② 国会を開いて国民を政治に参加させることを主張した運動は？

　　　　　　　　　　　　　　　　　　　　　　　　　[ 自由民権運動 ]

③ 板垣退助らが結成した政党を何という？ 　　　　　　　[ 自由党 ]

④ 立憲改進党結成の中心人物は誰？ 　　　　　　　　　　[ 大隈重信 ]

⑤ 初代の内閣総理大臣になった人物は誰？ 　　　　　　　[ 伊藤博文 ]

⑥ 大日本帝国憲法では主権は誰にあった？ 　　　　　　　[ 天皇 ]

⑦ 帝国議会を構成していたのは，貴族院と何院？ 　　　　[ 衆議院 ]

# 44 条約改正と日清戦争

## 1│帝国主義

◇**帝国主義**…19世紀後半，欧米の**列強**が軍
　<sub>資本主義が発達したイギリス・フランス・ドイツ・アメリカ・ロシアなど</sub>
　事力を背景にアジア・アフリカを**植民地化**

　◎資本主義の発達で，列強は資源の供給地
　と製品の市場を求めた

## 2│条約の改正

(1) **条約改正**…明治政府の最も重要な課題
　　　　　　<sub>└ 1858年にアメリカなどと結ばれた修好通商条約の改正</sub>
(2) **欧化政策**…外務大臣井上馨が**鹿鳴館**で舞
　踏会を開く➡反発が起こり失敗
(3) 1886年，**ノルマントン号事件**
(4) **領事裁判権の撤廃**…日清戦争直前の1894
　　　└ 治外法権ともいう
　年，**陸奥宗光**がイギリスとの間で成功
　<sub>外務大臣</sub>
(5) **関税自主権の完全回復**…1911年，**小村寿**
　　　　　　　　　　　　<sub>日露戦争後</sub>　　　<sub>外務大臣</sub>
　**太郎**が成功
　<sub>アメリカとの間で</sub>

## 3│日清戦争

(1) 背景
　◎朝鮮をめぐり日本と清が対立
　◎朝鮮で**甲午農民戦争**が起こる
(2) 1894年，日本と清が朝鮮に出兵し，
　衝突➡**日清戦争**開戦➡軍事力で勝
　る日本が勝利

---

(川崎市民ミュージアム)

## 4 | 下関条約と三国干渉

(1) **下関条約**…日清戦争の講和条約
　　└─ 1895年

◎ 清は，**朝鮮の独立**を認める

◎ 清は，**遼東半島・台湾**などを日本に譲る

◎ 清は，**賠償金2億両**を日本に支払う
　　　　　　　└─ 当時の約3億1000万円

(2) **三国干渉**

◎ 1895年，中国東北部への進出をねらう

**ロシア**が**ドイツ・フランス**とともに行う

◎ 遼東半島の清への返還を要求

　➡日本は返還➡日本国民の間に
　　└─ 対抗する力がなかった
　ロシアへの対抗心が高まる

(3) **列強の中国分割**…欧米列強は清に進出➡清の各地の**租借権**，鉄道敷設権などの利権を得る

遼東半島（のち返還）

清は朝鮮の独立を認める

清

朝鮮

日本

澎湖諸島（ポンフー）─日本に譲る

台湾

清から得た賠償金　約2億二千万円　当時の日本の歳入　約　億円

▲下関条約の主な内容

## ✎ テストの例題チェック

① 列強が軍事力を背景に，アジア・アフリカの植民地化を進めた動きを何という？　　[　帝国主義　]

② 小村寿太郎が条約改正に成功したものは何か？　[　関税自主権の回復　]

③ 日清戦争のきっかけとなる，朝鮮で起こった反乱は何？[　甲午農民戦争　]

④ 日清戦争の講和条約を何という？　　[　下関条約　]

⑤ 下関条約で日本領になった半島を何という？　　[　遼東半島　]

⑥ 日本に対して，ドイツ・フランスとともに三国干渉を行った国は？

　　　　　　　　　　　　　　　　　　　　　[　ロシア　]

# 45 日露戦争と東アジア

## ☐ 1 | 日露戦争

(1) **中国の動き**… 1900年，**義団事件**➡外国
勢力排除運動➡翌年，連合軍により鎮圧
　　　　　　　　　　日本軍が主力

(2) **日英同盟**… 1902年，ロシアの南下に対抗
して日本と**イギリス**が結ぶ
満州に兵を置くなど

　◎ 開戦反対の動き➡・**幸徳秋水**・**内村鑑三**
　　　　　　社会主義者　　　キリスト教徒

(3) **日露戦争**… 1904〜05年

　◎ 朝鮮・満州をめぐる対立から開戦

　◎ 戦争の長期化で，日露ともに国力消耗➡
戦争継続が難しくなる
日本は戦費の不足，ロシアは革命運動

　◎ 日本海海戦で日本海軍がロシア艦隊
を破る➡アメリカが講和を仲介
アメリカのポーツマスで講和会議

　◎ **与謝野晶子**… 戦地の弟を思う詩を詠
む
「君死にたまふ（う）ことなかれ」

### ❀ くわしく

**日英同盟の風刺画**
下の絵は日露戦争直
前の情勢で，**ロシア
の南下政策**に対して
**日本と共通の利害関
係をもつイギリス**は
日本をそそのかし，
日本にロシアが焼い
ている火中の栗を拾
わせようとけしかけ
ている（危険なこと
を行わせている）。

（美術同人社）

## ☐ 2 | ポーツマス条約

(1) **ポーツマス条約**… 1905年
日露戦争の講和条約

　◎ **韓国での日本の優越権を認める**

　◎ 遼東半島南部の租借権・樺太の
リアオトン　　旅順・大連　　そしゃく
南半分を日本にゆずる
ばいしょうきん

　◎ 賠償金なし➡国民の不満
東京で日比谷焼き打ち事件

(2) 影響… 日本の国際的な地位向上
えいきょう

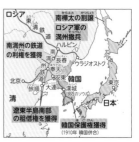

▲ ポーツマス条約の主な内容

## 3 | 韓国と中国の動き

### (1)韓国

◎ 1905年，日本の保護国にして韓国統監府を置く➡伊藤博文が初代の統監に

◎ 1910年，日本が韓国を併合し，植民地化(韓国併合)
➡朝鮮総督府を置いて武力で支配，日本人に同化させる教育を行う
└─ 同化政策

◎ 1906年，日本は南満州鉄道株式会社(満鉄)を設立

### (2)中国

◎ 革命運動の高まり … 中心は**三民主義**(民族・民権・民生主義)を唱える**孫文**
ソンウェン

◎ 辛亥革命 … 清をたおそうとする革命
└─ 1911年
➡翌年**中華民国**成立，臨時大総統は孫文
└─ アジア最初の共和国

◎ 袁世凱 … 清の皇帝を退位させ，大総統に
ユアンシーカイ └─ 清は滅亡

くわしく

**日比谷焼き打ち事件**

ポーツマス条約で，ロシアから賠償金が得られないことがわかると，日比谷焼き打ち事件など講和反対の暴動がおこった。ただし，日本が日露戦争に勝利したことは，植民地化されていたアジアの国々の希望となった。その後，日本は植民地化を進めて帝国主義国となっていった。

4章

### ✏ テストの例題チェック

① 中国で，外国勢力の排除を目指して起こった事件は？　[ 義和団事件 ]

② 1902年，日本とイギリスが結んだ軍事同盟を何という？　[ 日英同盟 ]

③ 日露戦争の講和条約を何という？　[ ポーツマス条約 ]

④ ポーツマス条約で日本領になったのはどこの南半分？　[ 樺太 ]

⑤ 日本が韓国を植民地化したできごとを何という？　[ 韓国併合 ]

⑥ 辛亥革命によって成立した国を何という？　[ 中華民国 ]

# 46 日本の産業革命

## ☑ 1 日本の産業革命

### (1)日本の産業革命

◎ 軽工業の発達…1880年代，**せんい工業**から始まる➡中国・朝鮮などへ綿糸，主にアメリカへ生糸の輸出増加

（日露戦争後に最大の輸出国に）

◎ 重工業の発達…1901年，官営**八幡製鉄所**操業開始➡重工業発展の基礎

（日清戦争の賠償金の一部で建設）

### (2)公害の発生…足尾銅山鉱毒事件➡田中正造が銅山の操業停止などを求める

### (3)財閥の成長…三井・三菱・住友などの大資本家がさまざまな業種に進出➡やがて日本経済を支配

## ☑ 2 農民運動

### (1)生活苦➡小作人になる者が増加

### (2)小作争議…小作料の引き下げを要求

**ミス注意**

**イギリスと日本の産業革命**

●**イギリスの産業革命**…18世紀の後半に，**市民の活発な経済活動**の中から始まった。

●**日本の産業革命**…19世紀後半から20世紀初めにかけて，**政府の保護**のもとで進展した。

**参考**

**足尾銅山鉱毒事件**

足尾銅山(栃木県)から出た鉱毒で，渡良瀬川が汚染され，流域の農民が大きな被害を受けた。

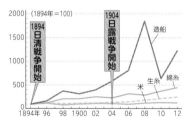

▲ 主要産業の生産量の変化

▲ 八幡製鉄所

## 3 │社会運動

### (1)労働運動

◎ 労働者の増加…低賃金・長時間労働に苦しむ

◎ 労働組合結成…労働条件の改善を要求する**労働争議**が増加

◎ 工場法…労働時間を制限，12歳未満の雇用の禁止など➡内容は不十分
<sub>1911年</sub>

### (2)社会主義の動き

◎ 日本の社会主義の成長…日清戦争後

◎ 社会民主党結成…政府が直ちに解散させる
<sub>日本で最初の社会主義政党</sub>

◎ **大逆事件**…天皇暗殺を計画したとして，多くの社会主義者が逮捕，**幸徳秋水**らが死刑
<sub>社会主義者</sub>

**くわしく**

**低賃金の児童労働**

賃金の安い少年労働者が歓迎され，大阪のマッチ工場などでは，過半数が10〜15歳の児童で，中には6〜7歳の者もいたといわれる。

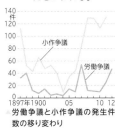

労働争議と小作争議の発生件数の移り変わり

---

### 🖊 テストの例題チェック

① 日本で軽工業の発達から始まった産業や社会の大きな変化を何という？
[ 産業革命 ]

② 日本の重工業発展の基礎となった工場は？
[ 八幡製鉄所 ]

③ さまざまな業種に進出した三井・三菱などの大資本家は何に成長した？
[ 財閥 ]

④ 農民が小作料の引き下げを求めた紛争は？
[ 小作争議 ]

⑤ 労働者が労働条件改善を求めた紛争は？
[ 労働組合 ]

⑥ 天皇暗殺を計画したとして社会主義者が処罰された事件は？
[ 大逆事件 ]

# 47 近代文化の形成

## □ 1 教育の普及

### (1)義務教育の普及

- ◎1886年，学校令…大学・中学・小学の学校制度，義務教育4年間

- ◎1907年に**6年間**に延長
  <u>就学率がほぼ100%となる</u>

### (2)高等教育機関の整備

- ◎中等・高等教育の拡充，女子教育も重視

- ◎私立学校…慶應義塾➡**福沢諭吉**，東京専門学校➡大隈重信など
  <u>現在の早稲田大学</u>

## □ 2 自然科学の発達

### (1)発達の背景

- ◎学校教育の普及…日露戦争後，就学率は9割を超える

- ◎大学での研究がさかんになる

### (2)医学…**北里柴三郎**・**志賀潔**・**野口英世**らが世界的な研究

### (3)化学…高峰譲吉・鈴木梅太郎ら

### (4)物理学…長岡半太郎

参考

**近代の学校教育**

近代の学校教育の目的は，個人の才能を伸ばすことよりも国家の役に立つ人間の育成に中心が置かれ，教育勅語が全国の学校に配布された。東京帝国大学などは官僚を育て，国家に必要な学問や研究をするところとされていた。

| | 人　物 | 業　績 |
|---|---|---|
| 医 | **北里柴三郎** | **破傷風の血清療法**発見 |
| | **志賀　潔** | **赤痢菌**の発見 |
| 学 | **野口英世** | **黄熱病**の研究 |
| 化 | **高峰譲吉** | タカジアスターゼの創製 |
| 学 | **鈴木梅太郎** | ビタミン$B_1$の創製 |
| 物 | **大森房吉** | 地震計の発明 |
| 理 | **木村　栄** | 地球の緯度変化の研究 |
| 学 | **長岡半太郎** | 原子模型(構造)の研究 |

▲代表的な科学者と業績

## 3│近代の文学と芸術

### (1)文学

◎ 写実主義…坪内逍遥➡『小説神髄』，二葉亭四迷➡『浮雲』，正岡子規➡俳句や短歌
└─ 言文一致体 ─┘

◎ ロマン主義…島崎藤村➡『若菜集』，与謝野晶子➡『みだれ髪』，樋口一葉

◎ 自然主義…石川啄木➡『一握の砂』，国木田独歩

◎ その他…森鷗外・夏目漱石➡『坊っちゃん』
└─ ヨーロッパ文学の紹介 ─┘

### (2)芸術

◎ 日本画の復興…岡倉天心・フェノロサ

◎ 洋画…黒田清輝➡印象派の画風
└─ フランスに留学 ─┘

◎ 彫刻…高村光雲・荻原守衛

◎ 音楽…滝廉太郎➡「荒城の月」

くわしく

**東京美術学校**

アメリカから来日した東洋美術研究家の**フェノロサ**は，日本の伝統的な美術に価値を見い出し，**岡倉天心**とともに**東京美術学校**(現在の東京芸術大学)を設立して日本画の復興に努め，**横山大観**らを育てた。

▲湖畔 黒田清輝
(東京国立博物館蔵／画像提供：東京文化財研究所)

## ✐ テストの例題チェック

① 1907年，義務教育は何年間とされた？ [ 6年間 ]

② 慶應義塾を設立した人物は誰？ [ 福沢諭吉 ]

③ 破傷風の血清療法を発見した人物は誰？ [ 北里柴三郎 ]

④ 黄熱病の研究を行った人物は誰？ [ 野口英世 ]

⑤『坊っちゃん』などの作品を著した人物は誰？ [ 夏目漱石 ]

⑥『たけくらべ』などの作品を著した人物は誰？ [ 樋口一葉 ]

⑦ フランスに留学し，印象派の画風を伝えた人物は誰？ [ 黒田清輝 ]

| 時代 | 日本 | 世界 |
|------|------|------|

**江戸時代**

| | 世界 |
|---|---|
| **17世紀半ば** | [イギリス] ピューリタン革命が起こる |
| **1688** | [イギリス] 名誉革命が起こる |
| | ── 権利（の）章典 |
| **18世紀後半** | [イギリス] 産業革命が始まる |
| **1775** | アメリカの独立戦争が起こる |
| **1789** | フランス革命が起こる |
| | ── 人権宣言 |
| **1840** | イギリスと清の間でアヘン戦争が起こる |

| | 日本 |
|---|---|
| **1685** | 生類憐みの令が出される |
| **1716** | 享保の改革が始まる（～1745） |
| **1772** | 田沼意次の政治が始まる |
| **1787** | 寛政の改革が始まる（～1793） |
| **1825** | 異国船打払令が出される |
| **1841** | 天保の改革が始まる（～1843）<br>※上記は，第3章の内容。 |

※上記は，第3章の内容。

**ヨーロッパによるアジア侵略が進む**

| | 日本 | | 世界 |
|---|---|---|---|
| **1853** | ペリーが浦賀に来航する | **1851** | [中国] 太平天国の乱が起こる |
| **1854** | 日米和親条約を結ぶ | | |
| **1858** | 日米修好通商条約を結ぶ | **1857** | インド大反乱が起こる |
| | ── 日本に不平等な内容 | | |
| | 安政の大獄が起こる（～1859） | | |
| | ── 尊王攘夷運動が高まる | **1861** | [アメリカ] 南北戦争が起こる |
| **1866** | 薩長同盟が結ばれる | | |
| **1867** | 大政奉還が行われる | | |
| | 王政復古の大号令 → **武家政治の終わり** | | |
| **1868** | 戊辰戦争が起こる | | |

# 4章の時代のまとめ年表

| 時代 | 日本 | 世界 |
|---|---|---|
| | 1868 五箇条の御誓文を出す | |
| | 1869 版籍奉還を行う | |
| | 1871 廃藩置県を行う | 1871 ドイツ帝国成立 |
| | 日清修好条規を結ぶ | |
| | 1872 学制の公布 | |
| | 1873 徴兵令を出す ——— | → 富国強兵のための政策 |
| | 地租改正を行う | |
| | 1874 自由民権運動が始まる | |
| | 1875 樺太・千島交換条約を結ぶ | |
| | 1876 日朝修好条規を結ぶ | |
| | 1877 西南戦争が起こる | |
| 明治時代 | 1880年代 後半 日本の産業革命が始まる | |
| | 1885 伊藤博文が初代内閣総理大臣になる | |
| | 1889 大日本帝国憲法が発布される | |
| | 1894 領事裁判権が撤廃される | |
| | ——— 陸奥宗光による | 1894 [朝鮮]甲午農民戦争が起こる |
| | 日清戦争開戦（~1895） | |
| | ——— 講和条約は下関条約 | 1900 [中国]義和団事件が起こる |
| | 1904 日露戦争開戦（~1905） | |
| | ——— 講和条約はポーツマス条約 | |
| | 1910 韓国併合 | |
| | 1911 関税自主権が回復する | 1911 [中国]辛亥革命が起こる |
| | ——— 小村寿太郎による | 1912 [中国]中華民国の成立 |

# 48 第一次世界大戦

## 1 | 大戦前のヨーロッパ

(1) **列強の対立**…植民地や勢力範囲をめぐっ

て三国同盟と三

国協商が対立

◎ **三国同盟**…ドイ

ツ・オーストリ

ア・イタリア
└ のちに離脱

◎ **三国協商**

…**イギリス**・フランス・ロシア

▲三国同盟と三国協商

(2) **バルカン半島**…民族・宗教，帝国主義諸

国の対立➡「**ヨーロッパの火薬庫**」

## 2 | 第一次世界大戦

(1) **始まり**…1914年，**サラエボ事件**がきっか

け➡**同盟国**と**連合国**（協商国）の戦争に

(2) **戦争の長期化**

◎ 新兵器の登場
└ 飛行機・戦車など

◎ 植民地の人々も動員する

**総力戦**
└ すべての国力を投ずる戦い

◎ **イタリア・アメリカ**が連
└ 1915年 └ 1917年

合国側で参戦

(3) 1918年，連合国側が勝利
└ ドイツが降伏

### くわしく

**ヨーロッパの火薬庫**

バルカン半島は，民族・宗教の対立が激しく，列強の利害が対立する地域で，いつ戦争が起こってもおかしくないことから，「ヨーロッパの火薬庫」と呼ばれていた。

### 参考

**サラエボ事件**

1914年，バルカン半島のサラエボでオーストリア皇位継承者夫妻がスラブ系のセルビア人青年に暗殺された。

▲第一次世界大戦中のヨーロッパ

## 3 ロシア革命とソ連

(1) 長びく戦争で帝政に不満が高まる

(2) **経過**…1917年，帝政を倒す➡臨時政府成立➡**レーニン**らが臨時政府を倒す➡世界初の**社会主義の政府**の成立

(3) **ソビエト社会主義共和国連邦（ソ連）**成立
 └─干渉戦争に勝利

## 4 日本の参戦と経済発展

(1) **日本の動き**…1914年，日英同盟を理由に連合国側で参戦➡1915年中国に**二十一か条の要求**を出す➡排日運動

(2) **大戦景気**…軍需品供給で好景気➡**成金**
 └─急に大金持ちになった人

(3) 1918年，**米騒動**…シベリア出兵をみこし，商人たちが米の買い占めで**米価の上昇**
 └─のちに総辞職

**くわしく**

**シベリア出兵**

ロシアの戦争離脱に反対し，社会主義の拡大を恐れた**アメリカ・イギリス・フランス・日本**などが革命への干渉戦争を起こし，シベリアへも，軍隊を派遣した。

▲レーニン
(日本ロシア語情報図書館)

### ✏ テストの例題チェック

① 1882年にドイツ・オーストリア・イタリアが結んだのは？ ［ 三国同盟 ］

② 三国協商はフランス・ロシアとどこの国？ ［ イギリス ］

③「ヨーロッパの火薬庫」と呼ばれた半島はどこ？ ［ バルカン半島 ］

④ 第一次世界大戦のきっかけとなった事件は？ ［ サラエボ事件 ］

⑤ ロシア革命を指導した人物は誰？ ［ レーニン ］

⑥ 日本が中国につきつけた要求を何という？ ［ 二十一か条の要求 ］

⑦ 日本で1918年に起こり全国に広がった米の安売りを求める騒動を何という？

［ 米騒動 ］

# 49 第一次世界大戦後の世界

## 1 ベルサイユ条約

(1)**パリ講和会議**(1919年)
- ◎第一次世界大戦後の講和会議
- ◎**ベルサイユ条約**…1919年に結ばれる
  └─ 連合国とドイツの講和条約
- ◎ドイツは領土の一部と全植民地を失い，軍備縮小と巨額の**賠償金**を課される
- ◎**ウィルソン**の提案…**民族自決**の原則など
  └─ アメリカ大統領
(2)東ヨーロッパの諸民族…民族自決の考えに基づいて多くの民族が独立
  └─ ポーランドなど

## 2 国際協調の動き

(1)**国際連盟**…1920年に成立
  └─ ウィルソンの提案
- ◎**世界平和と国際協調**を目的とする世界初の国際機関
- ◎問題点…大国不参加，武力制裁なし
  └─ アメリカは議会の反対で不参加
- ◎日本…**常任理事国**の一つ
  └─ 新渡戸稲造が事務次長
(2)**ワシントン会議**…海軍主力艇の制限など
  └─ 1921～1922年
(3)欧米諸国の動き
- ◎ドイツ…1919年，**ワイマール憲法**を制定
  └─ 当時の憲法としては最も民主的といわれた
- ◎イギリス…女性の参政権・労働党内閣
- ◎アメリカ…世界経済の中心国に

**ミス注意**
**民族自決**
民族の帰属は，その民族自身の意思で決める権利があるという考え方。

**くわしく**
**ベルサイユ条約の影響**
ベルサイユ条約では，イギリスやフランスが，戦争責任をドイツに負わせて巨額の賠償金を課したため，**ドイツ経済は混乱**し，のちの**ヒトラー台頭**の一因となった。

**参考**
**軍縮会議**
ワシントン会議…**ワシントン海軍軍縮条約**→主力艦の保有制限，四か国条約→日英同盟の解消，**九か国条約**→中国の主権尊重。**ロンドン海軍軍縮会議**…1930年，補助艦の制限。

## □ 3 | アジアの民族運動

(1) **朝鮮の動き**…1919年，京城で**三・一独立運動**➡日本からの独立を求める➡朝鮮総督府は軍隊・警察の力で鎮圧

（3月1日　現在のソウル）

(2) **中国の動き**

◎ **五・四運動**…1919年，反日運動から，帝国主義に反対する全国的な運動へ

（北京でおこる　5月4日）

◎ **中国国民党**…**孫文**らが結成，中国共産党と協力し，国内統一を目指す

（スンウェン）

◎ **国民政府**…1927年，孫文の死後に**蔣介石**が樹立➡首都南京

（チャンチェシー）　　　　　（ナンキン）

(3) **インドの動き**

◎ **ガンディー**の指導で，イギリスに対する**非暴力・不服従**の抵抗運動

**ミス注意**

**アジアの民族自決**

ヨーロッパでは民族自決の権利に基づき多くの国家が独立したが，アジアでは独立が認められず，各地で激しい民族運動や独立運動が展開された。

■民族運動や独立運動が起こったところ

▲ 民族運動・独立運動の発生地

## ✎ テストの例題チェック

① 第一次世界大戦のドイツと連合国との講和条約を何という？

[　ベルサイユ条約　]

② 世界初の国際平和機構を何という？

[　国際連盟　]

③ 1919年に制定された，当時最も民主的といわれたドイツの憲法を何という？

[　ワイマール憲法　]

④ 1919年に朝鮮で起こった独立運動は？

[　三・一独立運動　]

⑤ 1919年に北京から始まった全国的な運動は？

[　五・四運動　]

⑥ インドの独立運動を指導した人物は誰？

[　ガンディー　]

# 50 大正デモクラシーと文化

## 1 大正デモクラシー

(1)**第一次 護憲運動**…1912年，尾崎行雄らが起
こした立憲政治を守る運動➡藩閥内閣を倒す
└憲法に基づく政治を守る運動　　　　　└桂太郎内閣

(2)**大正デモクラシー**…大正時代にさかんに
なった民主主義を求める動き

◎吉野作造…**民本主義**で普通選挙による政
党中心の議会政治を主張

## 2 政党政治の展開

(1)本格的な **政党内閣**…藩閥内閣が米騒動で
退陣し，**原敬**内閣成立➡陸軍・海軍・外務
└たいじん　　　└はらたかし　　　　　　└寺内内閣
大臣以外の大臣は立憲政友会の党員で組織

(2)**第二次護憲運動**…政党内閣・普通選挙を
求める運動➡1924年，**加藤高明が政党内
閣**を復活
└憲政会党首

(3)**普通選挙法**…1925年に成立
└加藤内閣　　　└原敬内閣のあとは非政党内閣
◎**満25歳以上のすべての
男子**に選挙権➡**納税額の
制限がなくなる**

◎女性には選挙権は与えら
れなかった
└あた

(4)**治安維持法**…1925年に成立
◎**共産主義**などを取り締まる
└天皇制の変革を主張，私有財産権を否定

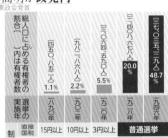

| 総人口に占める有権者数の割合（ ）内は有権者数の実数 | | | | | |
|---|---|---|---|---|---|
| （四五〇・八万人）1.1% | （九八・八万人）2.2% | （三〇六・五万人）5.5% | （一二四〇・九万人）20.0% | （三六八・八万人）20.0% | （三七〇〇・二五三万人）48.7% |
| 選挙の実施年 | 一八九〇年 | 一九〇二年 | 一九二〇年 | 一九二八年 | 一九四六年 |
| 制限 直接国税 | 15円以上 | 10円以上 | 3円以上 | 普通選挙 | |
| 年齢性別 | 満25歳以上の男子 | | | | 20歳以上の男女 |

▲有権者数の増加

## □ 3 | 社会の動き

(1) 第一次世界大戦後，不景気が広がる … 輸出や国内需要が減少

(2) 社会運動の広がり

  ◎ **労働運動** … 労働争議，日本初のメーデー
  └── 1920年

  ◎ **農民運動** … 小作争議，日本農民組合結成

  ◎ 被差別部落の人々 ➡ 1922年, **全国水平社**
    すいへいしゃ

  ◎ 女性運動 … **平塚らいてう**らが進める
    ひらつか（ちょう）

(3) 関東大震災 … 東京・横浜に大きな被害
  だいしんさい └── 1923年9月1日

## □ 4 | 大正時代の文化 📷

(1) 都市の生活 … 西洋風の生活様式 → 洋食・洋服の普及・女性の社会進出
  ふきゅう └── バスガールなど

(2) 大衆文化 … 新聞・雑誌・**ラジオ放送**など

(3) 文学 … 志賀直哉（白樺派），**芥川龍之介**，
  しがなおや しらかば あくたがわりゅうのすけ └── 『羅生門』など
  **小林多喜二**（プロレタリア文学）
  こばやしたきじ

### ✎ くわしく

**女性運動**

平塚らいてうらは，1911年に，**青鞜社**を，1920年には**新婦人協会**を結成して女性の解放や参政権などを求める女性運動を進めた。

### ✎ 参考

**文学の傾向**

**白樺派**…雑誌『白樺』を創刊し，人道主義・理想主義を唱えた。

**プロレタリア文学**…労働者の仕事や，暮らしを小説に描いた。

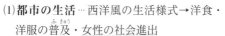

**📝 テスト の 例 題 チェック**

① 民本主義を唱えた人物は誰？　　　　　　　　　　　　　　　　　[ 吉野作造 ]

② 初めての本格的な政党内閣を組織した首相は誰？　　　　　　　[ 原敬 ]

③ 1925年の普通選挙法では，何歳以上の男子が選挙権をもった？

　　　　　　　　　　　　　　　　　　　　　　　　　　　　　[ 満25歳以上 ]

④ 1925年に制定された共産主義などを取り締まる法律は？　[ 治安維持法 ]

⑤ 被差別部落の人々が解放を目指した組織を何という？　　[ 全国水平社 ]

⑥ 『羅生門』を著した小説家は誰？　　　　　　　　　　　　　[ 芥川龍之介 ]

# 51 世界恐慌とファシズムの台頭

## ☐ 1 │ 世界恐慌

- **(1) 背景** … **アメリカが世界経済の中心**➡生産過剰で商品が余る
  - 第一次世界大戦後

- **(2) 起こりと広がり**
  - ◎ 1929年，**ニューヨーク**で株価が大暴落し，恐慌となる
    - 株価　大暴落　ウォール街に株式取引所がある
  - ◎ 企業・銀行の倒産，失業者の急増
  - ◎ 世界中に広がり，**世界恐慌**となる➡資本主義国の工業生産は激減

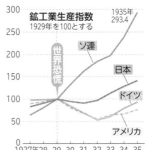

**鉱工業生産指数**
1929年を100とする

世界恐慌

1935年
293.4

ソ連
日本
ドイツ
アメリカ

1927 28　29　30　31　32　33　34　35

▲鉱工業生産指数の移り変わり

## ☐ 2 │ 各国の恐慌対策

- **(1) アメリカ**
  - ◎ **ニューディール**(新規巻き直し)政策 … 1933年，**ローズベルト**大統領が始める
    - (ル)
  - ◎ 政府が積極的にダム建設などの**公共事業**をおこし，失業者を救済，労働者を保護
    - テネシー川
  - ◎ 国民の購買力を高める
    - こうばいりょく

- **(2) イギリス・フランス**
  - ◎ **ブロック経済** … 本国と植民地の結びつきを強化して貿易を拡大
  - ◎ 外国製品に高い関税をかけ，締め出す

- **(3) 植民地の少ない国** … 新たな領土拡大へ
  - イタリア，ドイツ，日本など

### ✿ 参考
**恐慌**
資本主義経済のもとでは不景気が周期的にやってくることが特色だが，**好景気から不景気への変動が急激に起こり，経済が大混乱する状況を恐慌**という。

### ✿ 参考
**恐慌の影響**
各国は，国際協調より自国第一の対策を進めたため，国家間の対立が生まれる原因となった。

## □ 3｜ソ連の動き

(1) **スターリン**…レーニンの死後**独裁政治**

(2) **五か年計画実施**…社会主義の政策
└─ 1928年から5年を単位に，数次にわたって行われた
  ◎ 農業の集団化，重工業中心の工業化
  ◎ 世界恐慌の影響を受けずに経済成長

## □ 4｜ファシズムの台頭

(1) **ファシズム**…**全体主義の独裁政治**
└─ 反民主主義・反自由主義をかかげる

(2) **イタリア**…**ムッソリーニ**が**ファシスト党**を率いる➡海外侵略
└─ 1922年に首相に  └─ エチオピア併合

(3) **ドイツ**…**ヒトラー**が**ナチス**を率いる
└─ 1933年に首相に
  ◎ 国際連盟脱退，再軍備を宣言
    └─ 1933年   └─ ワイマール憲法を停止
  ◎ ユダヤ人を迫害
  ◎ 公共事業と軍需産業で経済回復

くわしく

**ファシズム台頭の理由**

植民地も資源も少ないドイツ・イタリアなどは，世界恐慌後貿易に頼れなくなったため，軍事力を背景に海外への進出を目指した。

参考

**経済回復後のドイツ**

ドイツは軍需大国となったが，国民の言論や思想は制限され，秘密警察が国民を監視する全体主義の国家となった。

### 📝 テストの例題チェック

① 世界恐慌はどこの国から起こった？ ［ アメリカ ］

② アメリカの恐慌対策を何という？ ［ ニューディール（新規巻き直し）政策 ］

③ イギリスやフランスの恐慌対策を何という？ ［ ブロック経済 ］

④ ソ連で進められた独自の経済政策を何という？ ［ 五か年計画 ］

⑤ イタリアやドイツで台頭した独裁的な政治体制は？ ［ ファシズム ］

⑥ ドイツでナチスを率いて首相となったのは誰？ ［ ヒトラー ］

⑦ イタリアでファシスト党を率いて首相となったのは誰？

［ ムッソリーニ ］

# 52 日本の中国侵略

## 1│日本の不景気

(1)第一次世界大戦後不景気が続く
　└─ 関東大震災も打撃
　◎1927年，**金融恐慌**が起こる
　　　きんゆうきょうこう
　◎1930年，世界恐慌の影響で**昭和恐慌**
　　　　　　　えいきょう　しょうわ
　◎都市…失業者増大➡**労働争議**の多発
　◎農村…**小作争議**が激化
　◎社会問題…欠食児童や女性の身売り
　　└─ 学校に弁当を持参できない児童
(2)**財閥**…産業支配を進め，利益**独占**
　　ざいばつ　　　　　　　　　　どくせん
(3)政党への不満が高まる
　└─ 財閥と結びつく

**参考**

**金融恐慌**

銀行の経営状態が悪化して起こった日本の恐慌。人々が預金を引き出そうと銀行に殺到する取りつけ騒ぎが起こり，多くの銀行が倒産や休業に追い込まれた。

## 2│日本の中国侵略

(1)中国国民党の**蔣介石**が1927年，南京に国
　　　　　　　　しょうかいせき　　　　　ナンキン
　　　　　　　　チャンチェシー
　民政府を樹立
(2)1931年，**満州事変**が起こる
　　　　　　まんしゅうじへん
　◎奉天郊外で南満州鉄道を爆
　　ほうてんこうがい
　　└─ 柳条湖
　　　フォンティエン
　破➡満州の大部分を占領
　　　　　　　　　せんりょう
　　└─ 日本の関東軍が行い，中国軍の仕業とした
　◎1932年，**満州国**を建国
　　　　　　まんしゅうこく
　　└─ 清朝最後の皇帝溥儀を元首とする
　…日本が政治・軍事・経済の
　実権を握る
　　　　にぎ
(3)国際連盟が日本へ撤兵勧告➡
　　　　　　　　てっぺいかんこく
　　└─ 占領地からの
　1933年，日本は国際連盟を脱
　退➡**国際的な孤立**を深める
　たい
　　└─ ドイツに接近

▲満州事変と満州国

## □ 3 | 強まる軍国主義

- (1) **五・一五事件**…1932年5月15日
  - ◎ 海軍将校らが**犬養毅首相を暗殺**
    └議会政治を守ろうとした─┘
  - ◎ 1924年以来の**政党政治が終わる**
- (2) **二・二六事件**…1936年2月26日
  - ◎ 陸軍の青年将校らが大臣などを殺傷し、
    都心部を占拠➡軍が鎮圧➡軍部の政治的
    発言力が強まり、議会は無力化

## □ 4 | 中国との全面戦争

- (1) **日中戦争**…1937~45年
  - ◎ 日本軍が**南京**占領➡捕虜や住民虐殺
    └─────南京事件─┘
  - ◎ 中国…**抗日民族統一戦線**結成
- (2) **国家総動員法**…国民・物資を戦争に動員
  └─1938年
- (3) 戦時体制…**大政翼賛会**・隣組・配給制

### くわしく

**抗日民族統一戦線**

日中戦争が始まると、蒋介石率いる**国民政府**と毛沢東率いる**中国共産党**は続けていた内戦を一時中断し、協力して日本軍への徹底抗戦をした。

### くわしく

**大政翼賛会**

1940年、政党や政治団体が解散してつくられた組織。政府の方針を国民に徹底させた。

## 📝 テ ス ト の 例 題 チ ェ ッ ク

① 日本軍が鉄道爆破をきっかけに起こした一連の軍事行為は？ 〔 満州事変 〕
② 満州事変ののちに中国東北部に建国された国は？ 〔 満州国 〕
③ 海軍の青年将校らが首相を暗殺した事件を何という？ 〔 五・一五事件 〕
④ ③の事件で暗殺された首相は誰？ 〔 犬養毅 〕
⑤ 陸軍の青年将校らが大臣などを襲った事件を何という？

〔 二・二六事件 〕

⑥ 1937年に始まった日本と中国の戦争を何という？ 〔 日中戦争 〕
⑦ 国民や物資を戦争に動員できるようにした法律は何？ 〔 国家総動員法 〕

# 53 第二次世界大戦

## □ 1 第二次世界大戦

### (1)大戦前

◎ 1939年，**独ソ不可侵条約**を結ぶ
<u>ドイツとソ連が結ぶ</u>

### (2)第二次世界大戦…1939〜45年

◎ 開戦…**ドイツがポーランドに侵攻**
<u>イギリス・フランスがドイツに宣戦</u>

◎ 独ソ戦…1941年，**ドイツがソ連に侵攻**
<u>独ソ不可侵条約を破る</u>

◎ アメリカ・イギリスは**大西洋憲章**を発表
<u>1941年8月</u>

◎ ファシズムの**枢軸国**と反ファシズムの**連合国**との戦いに

## □ 2 太平洋戦争

### (1)日本の南進…**大東亜共栄圏**を唱える

◎ フランス領インドシナに進軍

◎ 1940年，**日独伊三国同盟**を結ぶ

◎ 日本への経済封鎖
<u>ABCD包囲陣</u>

◎ **日ソ中立条約**を結ぶ
<u>日本が北方の安全のためにソ連と結ぶ</u>

### (2)太平洋戦争

◎ 開戦…1941年12月8日，ハワイの**真珠湾を奇襲**，マ<u>日本軍の攻撃</u>レー半島上陸
<u>イギリス軍を攻撃</u>

◎ 1942年，ミッドウェー海戦で日本軍が敗れ，以後守勢に

---

### 🖘 ミス注意

**連合国と枢軸国**

イギリス・フランス・アメリカなどを**連合国**，ドイツ・イタリア・日本などを**枢軸国**と呼ぶ。

### 🖘 くわしく

**大東亜共栄圏**
太平洋戦争中，欧米の植民地支配に代わり，日本が中心となるアジアの民族だけで繁栄しようとしたスローガン。日本はアジアへの侵略と戦争を正当化しようとした。

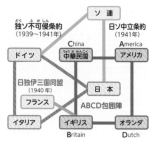

▲太平洋戦争の関係図

## □ 3 | 戦時下の国内と占領地

(1) **国民生活**…物資の不足→配給制，**学徒出陣**，学童(集団)疎開，勤労動員

(2) **東南アジア**…各地で日本への抵抗運動

(3) **朝鮮・中国**…人々を日本に連行し強制労働，皇民化政策で創氏改名などを強要
    └─ 姓名を日本式に改める

## □ 4 | 戦争の終結

(1) **ヨーロッパの終戦**…1943年にイタリア，1945年5月にドイツが降伏

(2) **沖縄戦**…住民を巻き込む激戦
    県人口の4分の1，約12万人以上の死者

(3) **ポツダム宣言**…日本の降伏条件を示す
    1945年7月

(4) **原子爆弾(原爆)投下**…**広島・長崎**
    1945年8月6日        8月9日

(5) ソ連が日ソ中立条約を破り，宣戦布告
    1945年8月8日

(6) **日本の降伏**…8月14日，**ポツダム宣言**を受諾
    8月15日，昭和天皇がラジオで玉音放送

**参考**

**ヤルタ会談**

1945年2月，アメリカ・イギリス・ソ連の首相が会談し，ソ連の対日参戦と南樺太・千島列島をソ連領とすることなどを密約した。

▲原爆ドーム
(広島記念資料館)

### 📝 テストの例題チェック

① 第二次世界大戦は，ドイツがどこに侵攻したことから始まったか？

[ ポーランド ]

② 日本がヨーロッパの国と結び，枢軸国の一員となった軍事同盟は？

[ 日独伊三国同盟 ]

③ 北方の安全のために日本がソ連と結んだ条約は？ [ 日ソ中立条約 ]

④ 日本がハワイを奇襲するなどして始まった戦争は？ [ 太平洋戦争 ]

⑤ 日本の無条件降伏を求めた宣言を何という？ [ ポツダム宣言 ]

⑥ 原子爆弾が投下された都市は長崎とどこ？ [ 広島 ]

# テスト直前 最終チェック！ ▶▶▶

| 時代 | 日本 | 世界 |
|---|---|---|
| | **1914** **第一次世界大戦**に参戦する | 1914 サラエボ事件が起こる |
| | **1915** 中国に二十一か条の要求を出す | **第一次世界大戦**が始まる |
| | | ── 総力戦となる |
| | | 1917 **ロシア革命**が起こる |
| 大正時代 | **1918** 米騒動がおこる | 1918 第一次世界大戦が終わる |
| | **シベリア出兵**（～1922） | |
| | **1919** 原敬内閣が成立 | 1919 [朝鮮] **三・一独立運動**が起こる |
| | ── 本格的な政党内閣 | |
| | | [中国] **五・四運動**が起こる |
| | | ベルサイユ条約が結ばれる ── ドイツに巨額の賠償金 |
| | | [ドイツ] ワイマール憲法を制定 |
| | **1920** 国際連盟に加盟 | 1920 国際連盟の設立 |
| | **1922** 全国水平社の結成 | |
| | ── 社会運動が高まる | 1922 [イタリア] **ファシスト政権**成立 |
| | **1923** 関東大震災がおこる | |
| | **1925** 治安維持法の成立 | |
| | 普通選挙法の成立 | |
| | ── 満25歳以上の男子に選挙権 | |
| | **1927** 金融恐慌が起こる | 1927 中国で国民政府成立 |
| | | 1928 ソ連が五か年計画実施 |

124

# 5章の時代のまとめ年表

| 時代 | | 日本 | | 世界 |
|---|---|---|---|---|
| | | 世界恐慌の影響を受ける（昭和恐慌） | 1929 | 世界恐慌が起こる |
| | 1931 | 満州事変が起こる | | イギリス，フランスがブロック経済を始める |
| | 1932 | 満州国の建国 | | |
| | | 五・一五事件が起こる | | |
| | | ── 政党政治の終わり | | |
| | 1933 | 国際連盟を脱退 | 1933 | アメリカがニューディール（新規巻き直し）政策を始める |
| 昭和時代 | 1936 | 二・二六事件が起こる | | ドイツが国際連盟を脱退 |
| | 1937 | 日中戦争が始まる（～1945） | | |
| | 1938 | 国家総動員法の制定 | | |
| | | ── 大政翼賛会などの戦時体制 | 1939 | 独ソ不可侵条約を結ぶ |
| | | | | 第二次世界大戦が始まる |
| | 1940 | 日独伊三国同盟を結ぶ | | |
| | 1941 | 日ソ中立条約を結ぶ | | （～1945） |
| | | 太平洋戦争が始まる | | |
| | | | 1943 | イタリアが降伏 |
| | 1945 | 広島・長崎に原子爆弾を投下 | 1945 | ドイツが降伏 |
| | | ソ連が対日参戦 | | ポツダム宣言が出される |
| | | ポツダム宣言の受諾，日本の降伏 | | |
| | | ── 太平洋戦争の終わり | | |

# 54 占領下の日本

## ☑ 1│連合国軍の占領

### (1)連合国軍の占領

<small>せんりょう</small>

— は1952年4月〈サンフランシスコ平和条約の発効〉まで

◎ **マッカーサー** を最高司令官とする **連合国軍最高司令官総司令部（GHQ）** を東京に置く➡GHQの **間接統治** による **戦後改革**

<small>とうち</small>

◎ 方針…日本の非軍事化と **民主化**

### (2)戦後政策の実施

<small>じっし</small>

◎ **極東国際軍事裁判**

<small>━ 東京裁判</small>
<small>さいばん</small>

… 戦争犯罪人（戦犯）を処罰

<small>しょばつ</small>

◎ 軍国主義者らを公職追放

◎ **天皇の人間宣言**…神の子孫ではない

<small>てんのう</small>
<small>━ 天皇が自ら否定</small>

▲マッカーサーと昭和天皇
(Gaetano Faillace/PPS通信社)

## ☑ 2│領土の縮小

### (1)日本の領土…ポツダム宣言に基づき, 九州・四国・本州・北海道とその周辺の島々に限られる

<small>もと</small>

### (2)沖縄・奄美群島・小笠原諸島…アメリカ軍が直接統治

<small>おきなわ</small> <small>あまみ</small> <small>お がさわらしょとう</small>
<small>━ 1953年に返還</small>

### (3)北方領土…ソ連が不法占拠

<small>せんきょ</small>

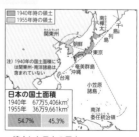

□ 1940年時の領土
□ 1955年時の領土

※1) 1940年の国土面積には関東州・南洋諸島は含まれていない

**日本の国土面積**

| 1940年 | 67万5,406km² |
| 1955年 | 36万9,661km² |

| 54.7% | 45.3% |

▲縮小した日本の国土

## 3 | 国民の生活

(1) 本土空襲で住宅や産業施設が破壊され、産業は壊滅状態に

(2) 食料不足、配給の停滞➡物価の急激な上昇、農村への買い出し、闇市
　　　　　　　　　　　　└非合法の自由市場

(3) 焼け跡での野外授業…青空教室

(4) 戦争で家も仕事も失った失業者・孤児があふれる
　　　　　　　└空襲などで親を亡くした子ども

(5) 大陸からの復員や引き揚げ➡失業者の増大、シベリア抑留・中国残留日本人孤児の問題

### くわしく

**闇市・買い出し**

闇市では食料品も売られていたが、値段が高かった。そのため、都市の人々は、直接食料を手に入れるために、農村へ買い出しに出かけた。

### 参考

**復員・引き揚げ**

軍人や軍属(軍隊に従う通訳や技術者など)が帰国することを復員といい、一般の日本人が帰国することを引き揚げという。

▲買い出し列車(朝日新聞社/PPS通信社)

---

## 📝 テストの例題チェック

① 連合国軍最高司令官総司令部の最高司令官は？　　　　　　　　　[ マッカーサー ]

② 連合国軍最高司令官総司令部の略称は何という？　　　　　　　　[ GHQ ]

③ 昭和天皇が、天皇が神の子孫であるという考え方を否定した宣言を何という？
　　　　　　　　　　　　　　　　　　　　　　　　　　　　　　[ 人間宣言 ]

④ アメリカ軍が直接統治することになったのは、小笠原諸島と奄美群島とどこ？
　　　　　　　　　　　　　　　　　　　　　　　　　　　　　　[ 沖縄 ]

⑤ 非合法で品物を売買する市を何という？　　　　　　　　　　　　[ 闇市 ]

# 55 民主化と日本国憲法

## 1 | 政治・経済の民主化

### (1) 政治の民主化

- ◎ 治安維持法の廃止 ➡ 政治活動の自由が認められ、政党の活動再開
- ◎ 選挙法の改正…1945年、満20歳以上の男女に選挙権 ➡ 翌年の総選挙で、女性国会議員39名が誕生

### (2) 経済の民主化

- ◎ 財閥解体…財閥が解体させられた
  └ 日本の経済を支配していた
- ◎ 農地改革…1946年から本格的に実施 ➡ 政府が地主から土地を強制的に買い上げ、小作人に安く売る ➡ 自作農が増加し、農村の民主化が進む

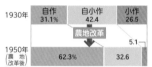

| | 自作 | 自小作 | 小作 |
|---|---|---|---|
| 1930年 | 31.1% | 42.4 | 26.5 |
| 1950年(農地改革後) | 62.3% | 32.6 | 5.1 |

農地改革

▲ 農地改革による農家数の変化

## 2 | 日本国憲法の制定

(1) GHQが草案を示し、それをもとに帝国議会が審議、修正
  └ 日本の改正案は、天皇の統治権を認めるなど民主化が不徹底だった

(2) 日本国憲法の公布 ➡ 1946年11月3日 施行 → 1947年5月3日から
  └ 憲法記念日

(3) 特色…国民主権・基本的人権の尊重・平和主義の基本原理、天皇は象徴、国会は唯一の立法機関

▲ 日本国憲法の基本原理

## 3 | 教育の民主化

(1) **墨ぬり教科書**…軍国主義的な記述をぬりつぶして使われた

(2) **教育基本法**…1947年に制定

◎ 目的…民主主義的な人間の形成，教育の機会均等

◎ 民主主義教育の基本を示す

◎ 義務教育9年，男女共学
└─ 小学校6年，中学校3年　└─ 私立学校は男女別を認められる

## 4 | 社会の民主化

(1) **地方自治**…地方自治法の制定
└─ 首長（知事・市町村長）を住民が選挙

(2) **民法の改正**…**個人の尊厳，男女平等**が基本
そんげん

(3) **労働組合法，労働基準法**の制定
└─ 労働条件の最低基準を定めた

(4) 労働運動の高まり，社会運動の復活

6章

### 📝 テ ス ト の 例 題 チェック

① 1945年の選挙法の改正で，選挙権は満何歳以上の男女に与えられた？

[ 満20歳以上 ]

② 政府が地主から土地を強制的に買い上げ，小作人に安く売りわたした政策を何という？ [ 農地改革 ]

③ 1946年11月3日に公布された憲法を何という？ [ 日本国憲法 ]

④ 日本国憲法の三つの基本原理の1つは何の尊重？ [ 基本的人権 ]

⑤ 1947年に制定された民主主義教育の基本を示す法律を何という？

[ 教育基本法 ]

# 56 冷戦の開始と植民地の解放

## 1 | 国際連合

(1) 1945年10月，**国際連合(国連) 成立**
— 国際連合憲章に基づいて

◎**安全保障理事会**… アメリ
— 世界の平和と安全を維持する機関
カ・イギリス・フランス・
ソ連・中国(五大国)の**常任
理事国は拒否権をもつ**

◎武力制裁で国際紛争の解決

(2) **国際連合の活動**

◎1948年,**世界人権宣言を採択**
— 国際的な人権保障 → けん

◎紛争の解決… 国連軍の派遣,
平和維持活動
— PKO

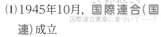

| **比較** | 国際連盟と国際連合 | |
|---|---|---|
| **国際連盟** | 議決 | **国際連合** |
| 総会での議決→**全会一致**が原則 | | 総会での議決→**多数決制** |
| 経済制裁のみ | 制裁 | 経済制裁と国連軍による武力制裁 |
| 大国が不参加 58か国 (1934年) | 加盟国 | 大国中心主義 193か国 (2021年) |

## 2 | 冷戦の始まり

(1) **二つの陣営に分裂**… 第二次世界大戦後,
強大化した**アメリカとソ連が中心**
— 資本主義諸国(西側陣営) — 社会主義諸国(東側陣営)

(2) **冷たい戦争(冷戦)** … 直接戦火を交えない
— じんえい — れいせん
東西両陣営の激しい対立

◎**北大西洋条約機構(NATO)** … 1949年,
— ナトー
**アメリカ**を中心に結成

◎**ワルシャワ条約機構** … 1955年，**ソ連**を
中心に結成

**◇ 参考**

**拒否権**

国連の安全保障理事会の**常任理事国**がもつ権利。重要事項は，常任理事国の1国でも反対すると議決できないというもの。

## 3│朝鮮半島と中国の動き

### (1)朝鮮半島の動き

◎ 1948年，南に**大韓民国**(韓国)と北に**朝鮮民主主義人民共和国**(北朝鮮)

◎**朝鮮戦争** …1950年開戦➡1953年に休戦協定

### (2)中国の動き

◎**中華人民共和国**(中国) …1949年に成立
　　　　　毛沢東を主席とする中国共産党が成立を宣言

◎蔣介石の国民政府は台湾に逃れる

## 4│アジア・アフリカの独立

### (1)アジア諸国 …インドネシア，インド，フィリピンなどが独立
　　　オランダから独立　　　パキスタンと分裂して独立
　　　　　　アメリカから独立

### (2)アフリカ諸国

◎**アフリカの年** …1960年に17か国が独立

◎南北問題 …先進工業国と発展途上国との経済格差の問題

<くわしく

**朝鮮戦争**

1950年，冷戦を背景に，韓国と北朝鮮が開戦。アメリカを中心とした国連軍が韓国を，中国が義勇軍を派遣して北朝鮮を支援した。1953年，休戦協定が結ばれた。

平壌／休戦協定の軍事境界線／38°／ソウル／釜山

---

### ✎ テストの例題チェック

① 1945年に成立した国際平和のための機関を何という？ [ 国際連合(国連) ]

② 直接戦火を交えない東西両陣営の対立を何という？ [ 冷戦(冷たい戦争) ]

③ 西側陣営の集団安全保障機構を何という？ [ 北大西洋条約機構(NATO) ]

④ 東側陣営の中心となった国はどこ？ [ ソ連 ]

⑤ 1950年に朝鮮半島でおこった戦争を何という？ [ 朝鮮戦争 ]

⑥ 1949年に成立した中国の正式名称を何という？ [ 中華人民共和国 ]

# 57 独立の回復と55年体制

## □ 1 │ 独立の回復

### (1) 朝鮮戦争の影響

- ◎ **特需景気**で経済復興が早まる
  └ 国連軍が日本に軍需物資を発注
- ◎ 1950年，**警察予備隊**を設置

### (2) 日本の独立

- ◎ **サンフランシスコ平和条約**…1951年，**吉田茂**内閣が48か国と結ぶ
- ◎ 同時に，**日米安全保障条約**を結ぶ
  └ アメリカ軍基地を日本国内に置くことを認める
- ◎ 1952年，サンフランシスコ平和条約が発効し，**日本が独立を回復**

> **参考**
>
> **警察予備隊**
>
> 警察予備隊は，朝鮮戦争で日本から出動したアメリカ軍のあとの日本の治安を守るという名目で設置された。1954年に自衛隊へと発展した。

▲サンフランシスコ平和条約の調印する吉田茂首相(中央)
(Mary Evans/PPS通信社)

## □ 2 │ 55年体制

### (1) 背景
…冷戦が続く中，アメリカの冷戦の政策をめぐり，支持派と反対派が対立

### (2) 1955年，革新勢力の日本社会党と保守勢力の**自由民主党**が結成
├ 右派と左派の社会党が統一
└ 自民党

### (3) 55年体制
…1955年から，社会党と対立しながらも自民党が政権を維持➡長期政権のもとで高度経済成長が続く

▲55年体制の流れ

## ☐ 3│新安保条約

(1) 1960年，**日米安全保障条約**を改定

　◎アメリカ軍が日本を防衛する義務を負う

　◎日本の領域内での他国からの武力攻撃（こうげき）に対して日米で共に行動する

(2) **影響（えいきょう）**…アメリカの軍事行動に巻き込（こ）まれるとして，全国的な反政府運動である**安保闘争（あんぽとうそう）**が起こる

(3) **安保闘争**…衆議院で条約の承認が強行されたため，内閣打倒（だとう）をスローガンに，デモ隊が国会議事堂を取り巻くなど反対運動が起こる➡条約が改定されたのち，岸信介（きしのぶすけ）内閣は総辞職した

### 参考

**原水爆禁止運動**

1954年，日本の漁船の第五福竜丸（ふくりゅうまる）がアメリカの水爆実験で死の灰を浴（あ）び，死者が出た。この事件をきっかけに，原水爆（げんすいばく）禁止運動が全国に広がって，革新勢力が日米安全保障条約や自衛隊に反対した。

6章

---

### ✎ テストの例題チェック

① 日本が48か国と第二次世界大戦の講和条約を結んだ都市は？

　　　　　　　　　　　　　　　　　[　サンフランシスコ　]

② ①と同時に1951年に日本がアメリカと結んだ条約は何？

　　　　　　　　　　　[　日米安全保障条約（日米安保条約）　]

③ ①の条約を結んだ内閣総理大臣は誰（だれ）？　　　[　吉田茂　]

④ 自由民主党が野党の日本社会党と対立しながら，1955年から約40年間にわたって政権を維持した政治体制を何という？　　　[　55年体制　]

⑤ 日米安全保障条約の改定をめぐり，アメリカの軍事行動に巻き込まれるとして，起こった反対運動は何？　　　　　　　　　[　安保闘争　]

# 58 緊張緩和と日本の外交

## ☐ 1 緊張緩和の進展

(1) 1960年代半ばごろから，冷戦のもとでの国際的な緊張が徐々に緩和する

(2) アジア・アフリカ諸国の動き
└ A・A諸国

◎ **アジア・アフリカ会議**…1955年インドネシアのバンドンで開く

・平和十原則を採択…平和共存，植民地主義反対など➡第三勢力として発言力を持つようになる

(3) キューバ危機➡解決後，緊張緩和が本格化
└ ソ連のミサイル撤去で衝突回避 イーシー

(4) **ヨーロッパ共同体（EC）**…西ヨーロッパ諸国による経済協力➡米ソへ対抗

(5) **ベトナム戦争**

◎ 1965年，南ベトナムの内戦にアメリカが本格的に介入して激化

◎ アメリカ軍撤退➡1975年に南北ベトナム統一
└ 1973年     └ 1976年，ベトナム社会主義共和国が成立

> **くわしく**
> **キューバ危機**
> 1962年，キューバに建設中のソ連のミサイル基地をめぐって，米ソ間で核戦争の危機が高まった。

> **参考**
> **部分的核実験禁止条約**
> 部分的核実験禁止条約は，キューバ危機がおこったことの反省から核軍縮の機運が高まって，アメリカなどが結んだ条約。

| 世界の動き | | 日本の動き | |
|---|---|---|---|
| 年 | できごと | 年 | できごと |
| 1950 | 朝鮮戦争（〜53年） | 1951 | サンフランシスコ平和条約 |
| 1955 | アジア・アフリカ会議 | | 日米安全保障条約 |
| | | 1956 | 日ソ共同宣言 |
| 1962 | キューバ危機 | | 国際連合に加盟 |
| 1963 | 部分的核実験禁止条約が調印 | 1960 | 日米安全保障条約改定 |
| 1965 | ベトナム戦争が激化（〜75年） | 1965 | 日韓基本条約 |
| | 世界各地で反戦運動 | | |
| 1967 | ヨーロッパ共同体（EC）発足 | 1972 | 沖縄の日本復帰 |
| | | | 日中共同声明 |
| | | 1978 | 日中平和友好条約 |

▲ 1950〜70年代の世界と日本の主な動き

## 2 | 日本の外交関係

### (1)領土の返還

◎小笠原諸島…アメリカから返還
└──── 1968年

◎沖縄…1972年，アメリカから返還
└── 多くの軍事基地が残っている →

◎**北方領土**…ソ連に返還要求
└── 現在はロシア連邦に返還要求

### (2)国交回復

◎ソ連…1956年，**日ソ共同宣言**…国交を回復
➡日本は**国際連合**に加盟➡**国際社会に復帰**
└── 鳩山一郎内閣が調印

◎朝鮮半島…1965年，**日韓基本条約**➡韓国と国交を正常化
└── 北朝鮮とは国交はない

◎中国…1972年，**日中共同声明**で国交を正常化➡1978年，**日中平和友好条約**
└── 田中角栄内閣が調印
└── 中華民国（台湾）とは断交

### (3)**非核三原則**（核兵器を持たず，つくらず，持ちこませず）…沖縄復帰運動の中で，国の方針となる
└── 佐藤栄作内閣

▲北方領土

### ✎ テストの例題チェック

① 冷戦下の1955年にインドネシアで開かれ，平和共存などを訴えた会議は？
[ アジア・アフリカ会議 ]

② ヨーロッパ共同体の略称を何という？ [ EC ]

③ 1962年，米ソの間でおこった核戦争の危機を何という？[ キューバ危機 ]

④ 1965年に東南アジアで激化した戦争を何という？ [ ベトナム戦争 ]

⑤ 日本の国際連合への加盟した背景となった宣言は何？ [ 日ソ共同宣言 ]

⑥ 日本と中国が国交を正常化した声明を何という？ [ 日中共同声明 ]

⑦ 日本の核兵器に対する基本方針を何という？ [ 非核三原則 ]

# 59 日本の高度経済成長

## ☐ 1│高度経済成長

(1)日本の**高度経済成長**
　　1950年代半ばに戦前の水準に回復。「もはや戦後ではない」

・1960年、「**所得倍増**」のスローガ
　ン➡高い経済成長率が続く
　　池田勇人内閣が掲げた経済成長政策

・1968年、**国民総生産**が資本主義国
　　　　　　GNP（ジーエヌピー）
　中第2位➡世界有数の**経済大国**に
　第1位はアメリカ

(2)エネルギー革命

・石炭から石油へ➡炭鉱の閉山、石
　　　　　　　たんこう
　油化学コンビナートの建設

・技術革新が進み、**重化学工業**が発展

(3)**高度経済成長のひずみ**

◎大都市への人口集中…**過密・過疎**
　　　　　　　　　かみつ　かそ
　　農村から人口流出

◎都市部の住宅不足・交通渋滞・公害
　　　　　　　　　　　じゅうたい

◎**公害問題**➡**四大公害裁判**➡1967年、**公**
**害対策基本法**、1971年、**環境庁**
　　かんきょうちょう
　現在の環境省

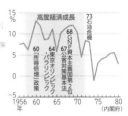

高度経済成長　73第1次
60 64 67 68 GNP資本主義国第2位
[所得倍増]
パラリンピック
政策
東京オリンピック
公害対策基本法
石油危機

1956 60 65 70 75 80
（内閣別）

▲ 日本の実質経済成長率の変化

▲大気汚染のためマスクをつけて
通学する小学生（三重県四日市市・
1965年）　（朝日新聞社／PPS通信社）

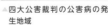

新潟水俣病
イタイイタイ病
四日市
ぜんそく
水俣病

▲四大公害裁判の公害病の発
生地域

### くわしく

**所得倍増**

1960年、岸信介を
　　　きし のぶすけ
ついだ池田勇人首相
　　　いけだ はやと
は、「10年間で所得
を2倍にする」と宣
言し、国民にアピー
ルした。

### 参考

**公害**

公害対策基本法では、
**大気汚染・水質汚**
　たい き お せん　すいしつ お
**濁・土壌汚染・騒**
だく　ど じょう お せん　そう
**音・振動・地盤沈下**
おん　しんどう　じ ばんちんか
**・悪臭**が典型7公
　あくしゅう
害と定義された。こ
の定義は、1993年
に制定された**環境基**
**本法**に引き継がれた。

## 2 | 国民生活の変化

### (1)生活の変化

◎ 国民所得の増加➡電化製品・自動車の普及➡生活が向上
— 三種の神器 — 3Cの1つ

◎ 1964年，東海道新幹線・高速道路の開通，**東京オリンピック・パラリンピック**開催

◎ テレビの普及で文化の大衆化
— 1953年に放送開始

◎「**大量生産・大量消費**」の社会へ

### (2)**石油危機**…1973年，**第四次中東戦争**の影響
— オイル・ショックともいう
で**石油価格が大幅に上昇**➡世界的な不況に

◎ 影響…日本の高度経済成長が終わる

（朝日新聞社／ＰＰＳ通信社）

▲家庭電化製品の普及　　▲東京オリンピックの開会式

### テストの例題チェック

① 1955～73年にかけて，日本で高い経済成長率が続いたことを何という？
[ 高度経済成長 ]

② 1967年に公害対策のために制定された法律は？
[ 公害対策基本法 ]

③ 1971年に公害対策のために設置された機関は？
[ 環境庁 ]

④ 1973年に石油の値上げが原因で経済が混乱したことを何という？
[ 石油危機（オイル・ショック） ]

# 60 冷戦終結後の国際社会

## 1 | 冷戦の終結

### (1) ソ連と東ヨーロッパの動き

◎ ソ連…ゴルバチョフ政権の改革

◎ 東ヨーロッパ諸国…民主化が進む
    └── 1989年、共産党政権が次々たおれる

### (2) 冷戦の終結

◎ **ベルリンの壁**の崩壊(1989年)
    └── 冷戦の象徴

◎ **マルタ会談**…1989年、アメリカのブッシュ大統領とソ連のゴルバチョフ共産党書記長が**冷戦の終結**を宣言

◎ 1990年、東西ドイツの統一

◎ 1991年、ソ連の解体

## 2 | 国際協調の動き

### (1) 国際会議…**主要国首脳会議**(サミット)、新興国などが加わった**G20サミット**
    └── 中国やインド、ブラジルなど

### (2) **ヨーロッパ連合(EU)**
    └── 1993年、ECから発展

◎ **政治的、経済的統合**を目指す

◎ 人,物,サービス等の移動が自由

◎ 共通通貨の**ユーロ**の導入

◎ 2020年、イギリスが離脱

### (3) 地域協力…**アジア太平洋経済協力会議(APEC)**など
    └── 1989年発足

---

**参考**

**ペレストロイカ**

ゴルバチョフ政権は, 情報公開, 計画経済の見直し, アメリカとの協調や軍縮などの政策を進めて, 経済を立て直そうとしたが, 失敗した。

**参考**

**G20サミット**

G20サミットは, 2008年に世界金融危機が深刻化し, その対応を話し合うための会議として始まった。

▲ 激変するヨーロッパ

## 3 | 世界の地域紛争

(1)原因…民族・宗教・文化などの違い

(2)影響…核兵器などの大量破壊兵器の広がり，**テロリズム(テロ)**，**難民**の発生

(3)1991年に**湾岸戦争**，2001年にアメリカで**同時多発テロ**，2003年に**イラク戦争**

(4)国連**平和維持活動(PKO)**や民間の**非政府組織(NGO)**が紛争解決のために活動

▲第二次世界大戦後の主な地域紛争

> **参考**
>
> **アメリカ同時多発テロ**
>
> 2001年9月11日，テロ組織にハイジャックされた航空機が，ニューヨークのビルや国防総省に突入した。

> **くわしく**
>
> **平和維持活動(PKO)**
>
> 平和維持活動は，安全保障理事会で決議したあと，紛争当事国の同意を得たうえで，国連加盟国が自主的に人員を派遣する活動。

### ✏ テストの例題チェック

① 冷戦の象徴といわれた壁があった都市はどこ？ 　　　 [ ベルリン ]

② 1993年に発足した，ヨーロッパの政治的・経済的な統合を目指す組織の略称は何？ 　　　 [ EU ]

③ ②で導入されている共通通貨を何という？ 　　　 [ ユーロ ]

④ アメリカの世界貿易センタービルにハイジャックされた航空機が突入するなどしたできごとを何と呼んでいるか？ [ (アメリカ)同時多発テロ ]

⑤ 国連の平和維持活動の略称は何？ 　　　 [ PKO ]

# 61 新しい時代の日本と世界

## ☐ 1│冷戦終結後の日本

### (1)日本の国際貢献

◎ 発展途上国への経済援助（ODA）

◎ 世界平和への貢献… 1992年，**国際平和**
**協力法➡自衛隊**の海外派遣
<small>PKO協力法ともいう</small>

### (2)東アジアへの対応

◎ 分断されたままの地域➡紛争の火種
<small>韓国と北朝鮮</small>

◎ 北朝鮮問題… 核兵器開発，**日本人拉致問**
**題**➡アメリカに協力を求める

### (3)1993年，**55年体制の終了**➡2009年，民
主党が第一党となる政権交代➡2012年，
自民党中心の連立政権に戻る

## ☐ 2│バブル経済崩壊後の日本

### (1)バブル経済の発生

◎ 発生… 1980年代後半から，株式と土地
の値段が異常に高騰し，好景気となる

◎ 崩壊… 1991年以降，**不景気が続く**
<small>平成不況</small>

### (2)2008年，**世界金融危機**が起こり，日本も
深刻な不景気となる➡回復後，**財政赤字**
<small>規制緩和，国営の民営化を進め，景気は回復</small>
や格差拡大の課題が残る

### (3)産業の空洞化… 国内の工場の海外移転で，
国内の生産力が低下

---

**くわしく**

**自衛隊の派遣**
国際平和協力法の制定により，自衛隊の平和維持活動（PKO）への参加が可能となった。さらに，2001年の**テロ対策特別措置法**の制定により，自衛隊を戦時に海外へ派遣することが可能となった。

**参考**

**バブル経済**
バブルとは，英語で「あわ」のこと。経済の実態とかけ離れて株式や土地の値段が異常に上がり続けたことからバブル経済という。

## 3 これからの日本

### (1) 日本の課題

◎ **差別の撤廃，人権の尊重**→部落差別解消法，**アイヌ施策推進法**
<sub>アイヌ民族支援法</sub>

◎ **少子高齢社会** … 社会保障費用の財源不足
<sub>しょうれい</sub>
➡**少子化対策基本法**

◎ 国際貢献の持続 … 経済援助，世界平和
<sub>日本は戦争による唯一の被爆国</sub>

◎ **防災教育の重要性 阪神・淡路大震災**や
<sub>特定非営利活動推進法（NPO法）のきっかけ</sub>
**東日本大震災の発生**
<sub>福島第一原子力発電所事故によりエネルギー問題が浮上</sub>

### (2) 世界の**グローバル化** … 国境を越えた経済活
<sub>一体化</sub>
動，情報の活用

### (3) 地球環境問題
<sub>砂漠化，酸性雨，地球温暖化，オゾン層の破壊</sub>

◎ **地球温暖化への取り組み** …
2020年，**パリ協定**始動
<sub>京都議定書に代わる取り決め</sub>

### (4) **持続可能な社会** … 地球市民
<sub>持続可能な開発目標（SDGs）</sub>
としての意識の必要性

6章

● 砂漠化　● 酸性雨の被害　● 熱帯林の減少

▲ 地球環境破壊の広がり

---

## ✎ テストの例題チェック

① 国際平和協力法の制定で日本の何の海外派遣が可能となった？ [ 自衛隊 ]

② 1980年代後半の日本の異常な好景気を何という？ [ バブル経済 ]

③ 持続可能な開発目標の略称をアルファベットで何という？ [ SDGs ]
<sub>エスディージーズ</sub>

④ 国境を越えて人やもの，情報の行き来が活発になることを何という？
[ グローバル化 ]

⑤ 地球の気温が上昇する地球環境問題は何？ [ 地球温暖化 ]
<sub>じょうしょう</sub>

# テスト直前 最終チェック！ ▶▶▶

| 時代 | 日本 | | 世界 |
|---|---|---|---|
| | 1945 | **GHQ**による統治 | 1945 国際連合の設立 |
| | | | **冷戦（冷たい戦争）が始まる** |
| | | 財閥解体 | |
| | | 選挙法改正 | |
| | 1946 | 農地改革 —— **自作農**が増える | |
| | | 日本国憲法公布 | |
| | | —— 国民主権，**基本的人権の尊重**，平和主義が基本原理 | |
| | 1947 | 教育基本法の制定 | |
| | | —— **義務教育**が9年になる | 1949 北大西洋条約機構（NATO）の設立 |
| 昭和時代 | 1951 | サンフランシスコ平和条約締結 | 中華人民共和国の成立 |
| | | 日米安全保障条約(日米安保条約)の締結 | 1950 **朝鮮戦争**が始まる(～1953) |
| | 1955 | **自由民主党**（自民党）の結成 | 1955 アジア・アフリカ会議 |
| | | —— 55年体制の始まり | —— 平和十原則の採択 |
| | | **高度経済成長が始まる** | ワルシャワ条約機構の設立 |
| | 1956 | 日ソ共同宣言に調印 | |
| | | 国際連合に加盟 | |
| | 1960 | 日米安全保障条約の改定 | 1960 アフリカの年 |
| | | —— **安保闘争**が全国的に起こる | —— アフリカの17か国が独立 |
| | | | 1962 キューバ危機 |
| | 1964 | **東京オリンピック・パラリンピック開催** | —— 米ソの間で核戦争の危機 |

# 6章の時代のまとめ年表

| 時代 | 日本 | 世界 |
|---|---|---|
| | 1965　日韓基本条約の締結 | 1965　ベトナム戦争が激化 |
| | 1968　小笠原諸島が日本に復帰 | |
| | 1972　沖縄が日本に復帰 | |
| | 　　　日中共同声明に調印 | |
| | 　　　── 日中の国交正常化 | |
| 昭和時代 | 1973　石油危機（オイル・ショック） | 1975　ベトナム戦争終結 |
| | 　　　── 高度経済成長が終わる | 1989　アジア太平洋経済協力会 |
| | 1978　日中平和友好条約の締結 | 　　　議（APEC）発足 |
| | | 　　　ベルリンの壁崩壊 |
| | | 　　　マルタ会談 |
| | 1980年代　バブル経済が始まる | 　　　冷戦の終結の宣言 |
| | 後 半　── 株と土地の値段が高騰 | 1990　東西ドイツ統一 |
| | 1991　バブル経済が崩壊 | 1991　ソ連の解体 |
| | 1992　国際平和協力法(PKO協力法)の制定 | 　　　湾岸戦争が始まる |
| | 　　　── 自衛隊の海外派遣が可能に | |
| 平成時代 | 1993　55年体制の終結 | 1993　ヨーロッパ連合(EU)発足 |
| | 1995　阪神・淡路大震災が起こる | |
| | 1997　地球温暖化防止京都会議 | |
| | 　　　── 京都議定書の採択 | 2001　アメリカで同時多発テロ |
| | | 2003　イラク戦争が起こる |
| | | 2008　世界金融危機が起こる |
| | 2011　東日本大震災が起こる | |
| | | 2020　パリ協定が始動 |

# ✓ 重要用語チェック

＊うまく思い出せない地名・用語は該当ページに戻って，見直してみましょう。
複数ページにのっているものは，特に詳しいページを太字で示しています。

## 人名 さくいん

# 用語 さくいん

## 読者アンケートのお願い

本書に関するアンケートにご協力ください。
右のコードか URL からアクセスし、
以下のアンケート番号を入力してご回答ください。
当事業部に届いたものの中から抽選で年間 200 名様に、
「図書カードネットギフト」500 円分をプレゼントいたします。

**Webページ** https://ieben.gakken.jp/qr/derunavi/

アンケート番号 305537

## 定期テスト 出るナビ　中学歴史　改訂版

| | |
|---|---|
| 本文デザイン | シン デザイン |
| 編集協力 | ㈲マイプラン |
| | 長谷川健勇, 粕谷佳美, 佐野秀好, 野口光伸, 八木佳子, 阿部薫 |
| 本文イラスト | サイドランチ, ㈲木村図芸社 |
| 図 版 | ゼム・スタジオ |
| 写 真 | 写真そばに記載 |
| DTP | 株式会社 明昌堂　データ管理コード:21-1772-3505(CC21) |

この本は下記のように環境に配慮して製作しました。
・製版フィルムを使用しないCTP方式で印刷しました。
・環境に配慮して作られた紙を使用しています。
※赤フィルターの材質は「PET」です。